일러두기

작품에 등장하는 인물·장소·사건 등은 실제의 대상이 아님을 밝힙니다.
이야기를 읽으면서 다음의 교과와 연계해 생각해 볼 수 있습니다.

3-1 사회   1. 우리가 사는 곳
4-1 사회   3. 경제 활동과 지역 간 교류
5   실과   3. 생활 자원의 관리
6-1 사회   2. 우리나라의 경제 발전
6-1 도덕   1. 내 삶의 주인은 바로 나

※2022 개정 교육 과정. 초등 5~6학년은 2015 교육 과정.

어린이 여러분, 경제 맛집을 찾고 있나요?

추천의 말

열심히 일만 해서 좋은 상품을 만들면 누구나 돈을 벌고 성공할 수 있을까요? 아직 부족해요. 경제와 경영에 대한 이해가 필요하니까요.

'코끼리 구조대'는 이런 고민과 노력으로 자신들의 행복에 구체적으로 다가가지요. 이를 통해 우리 생활에서 경제와 경영이 필요한 진짜 이유를 알기 쉽게 일러 줘요. 인생의 첫 경제 개념을 잡는 길잡이로서 이 책을 만나 보세요!

_연세대학교 경제학부 교수 **한순구**

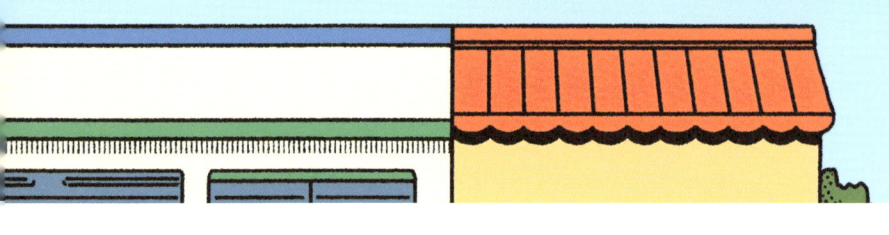

김연아

벽돌 책도 너끈히 읽는 책벌레.
도서관과 코끼리 분식에서
보내는 시간을 사랑한다.
떡볶이를 먹을 때 떡부터
집중 공략하는 정통파. '맵고수'.

오지호

한마디로 '인싸'.
사진작가 아버지와
소셜 미디어 채널을 꾸리고 있다.
요리에 관심이 많아,
늘 미지의 떡볶이를 찾는 탐구가.

이슬기

4학년 1반 회장.
스스로 학원 시간표를
빡빡하게 짤 만큼 학구열이 강하다.
쉿, 비밀인데, 어묵 국물을
무지무지 좋아한다. 왤까?

강희찬

동에 번쩍 서에 번쩍 축구공처럼
뛰어다니는 단지초 축구부 에이스.
장래희망은 역시 국가대표!
떡, 김말이, 만두, 계란, 파,
골고루 잘 먹는다.

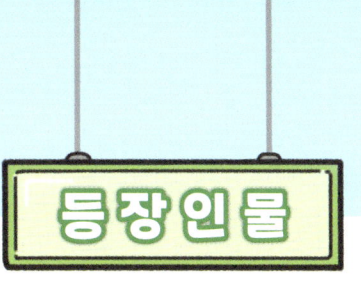

등장인물

코끼리 언니

얼떨결에 코끼리 분식
경영을 맡았다.
이 사람 손에 '코끼리'의
미래가 달려 있다.

코끼리 할머니

20년 전 고향인 부산을 떠나
서울에 정착하면서
코끼리 분식을 열었다.

추천의 말 3
등장인물 4

01 그 아이의 반려 떡볶이 9
(콕 꿰리 경제 문해력) **분식집도 기업일까?** 17
#기업 #1인 기업

02 팔면 팔수록 적자? 19
(콕 꿰리 경제 문해력) **내가 푸드트럭을 한다면?** 28
#적자와 흑자 #이윤

03 도전, 코끼리 구조대! 30
(콕 꿰리 경제 문해력) **슬기의 꿈은 CEO** 41
#기업가 정신 #경영자 #CEO(최고 경영 책임자)

04 사건 현장으로 출동하다 43
(콕 꿰리 경제 문해력) **이순신 장군이 장사를 했다면?** 55
#시장 조사

05 요리 분석 조리 분석 58
(콕 꿰리 경제 문해력) **왜 아빠는 맨날 경제 뉴스를 볼까? 66**
#금융 문해력

06 시간이 멈춘 분식집 68
(콕 꿰리 경제 문해력) **용돈 빼고 다 올랐다고? 82**
#물가 #인플레이션

07 사장님이 달라졌다?! 84
(콕 꿰리 경제 문해력) **돈 빌릴 때 꼭 필요한 것 92**
#대출 #신용 #소득

08 비장의 무기, 신메뉴 95
(콕 꿰리 경제 문해력) **물고기가 바다를 탈출한 이유 105**
#혁신 #투자

09 코끼리에게 날개를 107
(콕 꿰리 경제 문해력) **유명 브랜드, 왜 자꾸 사고 싶을까? 120**
#브랜드

10 결전의 날 122
(콕 꿰리 경제 문해력) **기업이 쓰는 가계부 130**
#회계 #재무 관리 #재무제표

작가의 말 134

그 아이의 반려 떡볶이

꼬르륵-.

우렁찬 소리가 조용한 4학년 1반 교실을 갈랐다. 선생님과 친구들의 눈동자가 일제히 연아에게 향했다. 대놓고 킥킥거리는 아이도 있다.

연아는 꼿꼿이 앉아 앞만 똑바로 바라보았다. 시치미 떼려는 게 아니다. 주목받는 게 귀찮을 뿐이다.

사실 연아에게는 따로 계획이 있다. 마지막 종이 울리자

마자 학교 앞 '코끼리'에 갈 작정이다.

'코끼리'. 단지초 어린이들은 '코끼리 분식'을 이렇게 부른다. 코끼리는 연아가 세상에서 가장 좋아하는 장소다. 낡은 집을 부수고 만든 아파트 숲 남쪽 땅은 개발 바람이 비껴간 덕분에 나지막한 건물이 오종종히 모여 있다. 코끼리 분식은 그 한가운데에 단지초등학교와 나란히 서 있다.

태풍이 휩쓸면 폭삭 주저앉을 것처럼 허름한 이 가게는 20년도 넘게 한자리를 지켰다. 단지초 어린이들과 마을 사람들이 어묵 국물처럼 따사로운 추억을 쌓는 곳. 가게 벽면에 가득한 낙서만 봐도 이곳이야말로 우리 동네의 진짜 사랑방인 것을 알 수 있다.

그뿐인가? 남들이 뭐라 해도 연아는 자신있게 말할 수 있다. 코끼리 할머니의 비밀 레시피는 전국 1등일 거다. 아, 상상만 해도 연아의 입에는 군침이 돈다. 당장이라도 가게 문을 열고 모락모락 피어나는 김 속으로 뛰어들고 싶다.

늦여름 무더위도 떡볶이를 향한 사랑을 누를 수 없다.

딩동댕동-.

드디어 수업이 끝났다. 연아는 선생님께 인사를 하자마자 쏜살같이 달려갔다. 아이들이 한꺼번에 쏟아지는 하굣길에는 조금만 늦게 가도 앉을 자리를 잡을 수 없으니까.

그런데 아뿔싸!

'이런 적은 한 번도 없는데…….'

코끼리 분식 문이 굳게 닫혀 있었다. 연아가 알기로 코끼리 할머니는 시계 같은 분이다. 월화수목금토 정확히 11시면 가게 문을 열어 7시에 닫는다.

연아 배에서 꼬르륵 소리가 천둥처럼 요란하게 울렸다.

코끼리 분식의 문은 다음 날도, 그다음 날도 열리지 않았다. 연아는 매일 가게 앞을 기웃거렸다. 창문을 가린 커튼 틈새로 안을 들여다보기도 했다. 하지만 인기척은 없었다.

'할머니께 무슨 일이 생겼나?'

그사이 연아는 단골손님들이 코끼리 분식 앞을 서성이거나, 불 꺼진 창문을 보고 아쉽게 돌아서는 모습을 여러 번 목격했다. 그렇다. 코끼리 분식에 깃든 추억을 잃고 싶

은 사람은 아무도 없을 것이다.

 어느덧 보름이 지났다. 교문 밖으로 터덜터덜 걸음을 옮기던 연아의 눈에 불 켜진 코끼리 분식이 보였다. 가슴이 쿵쾅거렸다. 연아는 부리나케 뛰어가 가게 문을 벌컥 열었다.
 "어서 오세요. 코끼리 분식입니다."
 난생처음 듣는 목소리였다! 눈앞에 앞치마를 두른 언니가 서 있었다.
 연아가 쭈뼛쭈뼛 물었다.
 "할머니는요?"
 "몸이 아파서 쉬고 계세요. 이제부터는 할머니 손녀인 제가 코끼리 분식을 운영하게 되었어요."
 연아는 어쩐지 마음이 찌르르 아렸다. 떡볶이를 먹으며 할머니와 나누는 소소한 대화는 떡볶이만큼 소중했다.
 "그럼 이제 할머니를 다시 볼 수 없어요?"
 "당분간은 힘들겠지만, 건강을 되찾으면 종종 오실 거예요. 이곳은 할머니가 가장 소중하게 생각하는 공간이거든요. 앞으로 저를 코끼리 언니라고 불러 줘요."

 코끼리 언니가 오래전부터 알던 사이처럼 싹싹하게 말했다. 그래도 연아는 안심할 수 없었다. 떡볶이 맛은 냉정하게 따져 볼 문제다. 할머니가 안 계신데 떡볶이 맛까지 변했다면, 코끼리 분식은 껍데기만 남은 거다.

 "주문하신 떡볶이 나왔습니다."

연아는 심호흡하고 떡을 한입 크게 베어 물었다.

코끼리 언니가 조심스레 연아의 반응을 살폈다.

"맛은 괜찮나요? 할머니가 알려 주신 조리법대로 만들었는데, 단골손님 입맛에 맞을지 조마조마하네요."

"애타게 기다린 그 맛이에요."

연아가 입안 가득 떡볶이를 오물대며 말했다. 코끼리 언니는 안심한 듯 가슴을 쓸었다.

분식집도 기업일까?

#기업 #1인 기업

코끼리 언니가 할머니 병실을 방문하는데…….

- 할머니, 몸은 좀 어떠세요?
- 매일 이렇게 찾아오지 말래도……. 저녁에는 푹 쉬어야 낮에 힘내서 일할 수 있어.
- 제가 좋아서 그러는데요, 뭘. 이런저런 궁금한 것도 여쭐 겸.
- 그래, 가게를 경영해 보니 어때?
- 경영이라니, 괜히 쑥스럽네요.
- 약한 소리 마라. 코끼리 분식도 엄연히 기업이고, 너도 이제 경영자야.
- 에이, 분식집이 무슨 기업이에요.
- 사람들은 보통 큰 사무실이나 공장이 있어야 기업이라고 생각하지. 하지만 규모랑은 상관없어.
- 혼자 일해도 기업이라고요?
- 물론이지. 실제로 '1인 기업'이라고 부르고 있는걸.

> 기업은 물건을 만들고, 삶을 편리하게 하는 서비스를 제공해서 돈을 벌어. 수백 명의 일꾼과 수천 대의 로봇이 있는 대기업뿐 아니라 우리 동네 편의점이나 분식집도 모두 기업이지.

갑자기 어깨가 무거워지네요.

 그럼, 나는 코끼리 분식을 운영하면서 항상 경영자라는 마음가짐을 가졌어. 진지한 마음이 없었다면 20년 동안이나 못 버텼겠지.

 네, 명심할게요.

 동네의 크고 작은 가게들을 봐. 그냥 장사만 하는 게 아니야. 그런 작은 기업은 주민들의 사랑을 받으며 동네에 활력을 불어넣지. 그러니까 항상 우리 동네와 손님들에 대한 애정을 담아 정성껏 코끼리 분식을 경영하렴.

 네, 코끼리 분식이 '100년 기업'이 될 수 있게 힘낼게요!

02 팔면 팔수록 적자?

계절은 어느덧 가을로 향했다. 하늘은 구름 한 점 없이 맑기만 한데, 왜일까? 코끼리 언니의 얼굴에는 그늘이 드리워 있었다.

연아가 학교 도서관에서 집으로 돌아가던 어느 늦은 오후였다. 코끼리 분식의 한가한 풍경이 눈에 들어왔다. 연아의 콧구멍이 벌름벌름 춤을 추었다. 어느새 연아는 홀린 듯 가게로 들어섰다.

'완전 럭키! 나만의 황금 시간대 코끼리 분식!'

곧 반지르르 윤기가 도는 떡볶이 한 접시가 연아 앞에 나왔다.

'밀떡. 젓가락 위에서 탱글탱글 덤블링을 하다가, 한입 베어 물면 야들야들 정체를 드러내지. 소스는 그야말로 떡볶이의 킥! 달콤한가 방심할 때 달려드는 강렬한 한 방이 있지. 새빨간 소스에 계란 노른자를 으깨 휙휙 저어 한 스푼 떠먹으면? 얼얼한 혀끝을 고소한 맛이 살살 달래 주는 이 느낌. 손때 묻은 벽과 빛바랜 벽지까지 떡볶이 국물과 묘하게 조화를 이룬달까……'

그때였다.

"휴……"

코끼리 언니가 푹 한숨을 내쉬었다.

'요즘 언니 표정이 어둡던데. 무슨 일 있나? 아니야, 떡볶이에 집중해야지.'

애써 호기심을 누르고 크게 한입 벌리는데 또다시.

"후유우우우우……"

연아까지 마음이 무거워지는 소리였다. 그때 머릿속에 불길한 생각이 스쳤다.

"저기, 혹시 할머니 건강이 더 나빠진 건……?"

연아는 입에 담으면 안 될 말을 한 것 같아 말끝을 흐렸다.

"아! 할머니는 이제 건강하세요. 푹 쉬니까 많이 좋아지셨어요."

연아는 안도하며 포크를 들고 빨간 떡볶이를 주시했다.

그때 또다시.

"어휴……."

참다못한 연아가 헛기침하며 목소리를 깔고 말했다.

"어허, 땅 꺼질라!"

언니가 눈을 동그랗게 뜨더니 웃음을 터뜨렸다. 연아는 짐짓 엄숙한 표정을 지어 보였다.

"한숨 쉬는 애들이 있으면 할머니가 이러셨거든요."

"그러게, 할머니가 나타나신 줄 알았네!"

잠시 정적이 흘렀다.

"사실 고민이 많아요. 알고 보면 코끼리 분식은 떡볶이가 잘 팔릴수록 더 손해가 나거든요. 이러다 할머니가 열심히 일궈 온 가게가 문을 닫으면 어떡하죠?"

갑작스러운 고백에 연아는 당황했다. 일단 코끼리 언니가 무슨 말을 하는지 도통 이해할 수가 없었다. 가게는 보통 손님이 없고 물건이 안 팔리면 망하지 않나? 반면 코끼리 분식은 인기가 많다. 떡볶이도 잘 팔린다.

'코끼리 언니가 괜히 엄살을 부리는 건가?'

"후유, 답답해서 별소리를 다 했네요. 미안해요, 이제 끝! 힘을 내야지!"

연아는 머리가 안갯속처럼 뿌예졌다. 코끼리 분식이 문을 닫을지도 모른다는 언니 말만 계속 귓가를 맴돌았다.

다음 날, 연아는 서둘러 아침 일찍 학교에 갔다. 옳거니, 학급 회장 슬기가 자리에 앉아 수학 문제집을 풀고 있었다. 학원 숙제인 듯했다.

슬기는 우리 반에서 가장 바쁘게 사는 아이일 거다. 미술 학원만 다니는 연아와 달리 매일 영어와 수학 학원을 바쁘게 오간다. 피아노도 이미 실력이 수준급인데 꾸준히 레슨을 받는다고 들었다. 예술적 감각이 창의성을 길러 주기 때문이라나? 게다가 그렇게 바쁜 시간표를 자기가 직접 짰다고 한다.

슬기의 꿈은 세상을 바꿀 만큼 멋진 기술을 개발하는 기업가가 되는 거다. 그래서인지 뉴스나 어려운 경제 지식에 꽤나 빠삭하다. 그런 슬기라면 코끼리 언니가 무엇을 걱정하는지 알 수 있지 않을까?

> 경제는 사람들이 살면서 필요로 하는 여러 가지를 생산, 소비, 분배하는 활동이야.

"안녕, 이슬기."

"어, 그……그래, 안녕."

엉겁결에 인사를 받은 슬기가 눈을 동그랗게 떴다. 그야말로 '아웃사이더'인 연아가 먼저 말을 걸었으니 깜짝 놀란 표정이었다. '너는 보통 애들이랑 눈인사만 하고 자리로 가서 벽돌 책을 읽는 앤데?'라는 듯이.

말똥말똥 마주 보고만 있던 둘 사이의 어색함을 깨고 연

아가 운을 떼었다.

"뭐 좀 하나 물어볼게. 너도 학교 앞 코끼리 분식 알지? 거기 사장님이 그러는데, 장사가 잘돼서 가게가 망하겠대."

"호오?"

"내가 궁금한 건 이거야. 장사가 잘돼도 정말 가게가 망할 수 있어?"

슬기는 옆자리 의자를 당겨 연아에게 앉으라고 권했다.

"보자……. 장사를 하면 할수록 손해가 난다? 가능하지."

"그래? 자세히 좀 설명해 줘."

"속된 말로 장사는 땅 파서 하는 게 아니거든. 예를 들어 떡볶이를 만들려면 떡이나 고추장 같은 재료를 사야 하잖아? 수도, 전기, 가스 요금도 내야 하고. 자기 건물이 아니면 **임차료**도 들고. 이런 걸 다 '비용'이라고 해."

> **임차료**란 먼가를 빌린 대가로 지불하는 돈이야.

"장사해서 돈을 벌려면 먼저 돈을 써야 한다는 소리로 들리네?"

"맞아. 결국 장사로 쓴 돈보다 번 돈이 많아야 '이익'이 나. 그런데 팔면 팔수록 손해를 본다? 이건 코끼리 분식이 번 돈으로는 나가는 비용을 감당할 수 없다는 뜻이야."

"설명을 들어도 알쏭달쏭하네."

슬기는 공책에 글씨를 끄적거렸다.

"훗, 전문 용어로는 '**매출액**'이 '비용'보다 많아야 '이익'이 난다고 얘기해. 손해 보는 장사를 한다는 건 여기에서 이익이 '마이너스'라

> 기업이 물건이나 서비스를 판매하는 걸 '매출'이라고 하고, 그렇게 번 돈을 **매출액**이라고 해.

는 소리야. 이런 걸 '적자'라고 하고. 코끼리 분식이 정확히 왜 적자를 보고 있는지는 좀 더 알아봐야겠지만."

> 적자는 '빨간 글자'라는 뜻이야. 옛날 가게들은 들어오고 나간 돈을 적는 수첩(장부)에다 손해 본 금액을 빨간색으로 썼거든. 반대로 이익이 난 건 '검은 글자'로 표시해서 '흑자'라고 불렀어.

"흠……."

연아는 골똘히 생각에 잠겼다.

"그런데 왜? 너, 코끼리 분식이랑 무슨 관계가 있니?"

자기 생각에 빠진 연아는 슬기의 물음이 귀에 들어오지 않았다.

"도움이 많이 됐어, 이슬기. 고마워."

그러더니 물음표가 잔뜩 떠오른 슬기의 얼굴을 뒤로하고 휙 자신의 자리로 갔다.

'정말로 코끼리가 수렁에 빠졌다는 거지?'

연아는 뒤통수를 한 대 콩 맞은 기분이었다.

내가 푸드 트럭을 한다면?

#적자와 흑자 #이윤

트럭 이름은 '미운 님 떡 하나 더 준다'로 해야지……

3000원짜리 떡볶이를 하루에 100그릇 팔면, 매출액(번 돈)은 30만 원.

이제 비용을 따져 보자.

비용
재료비(떡, 고추장 등): 10만 원
대여비(푸드 트럭): 10만 원
광고비(전단지 인쇄): 10만 원
인건비(아르바이트 1명): 10만 원

총 40만 원

매출액 빼기 비용은……, 헉! 10만 원이나 손해잖아!

도전, 코끼리 구조대!

"야! 들었어? 코끼리, 망할 수도 있대."

희찬이가 헐레벌떡 교실로 뛰어들며 외쳤다. 소문을 접한 아이들의 눈이 휘둥그레졌다.

"어라? 장사가 그렇게 잘되는데?"

"자세히는 몰라. 옆 반 친구한테 들었어."

"말도 안 돼. 앉을 자리가 없어서 헛걸음할 때가 얼마나 많은데."

"진짜로 코끼리가 없어지면 학교 끝나고 우린 어디에서 모이냐……."

"난 잔소리 많은 할머니보다 상냥한 코끼리 누나가 더 좋았는데……."

연아는 자리에 앉아 두꺼운 책을 펼쳤다. 코끼리 분식의 위기가 가벼운 화젯거리로 소비되다니, 듣기 싫었다. 그렇지만 이날따라 유난히 글자가 눈에 들어오지 않았다. 연아는 어느새 눈이 아닌 귀에 온 신경을 집중하고 있었다.

대개 소문이 그렇듯 코끼리 분식에 대한 아이들의 관심도 금방 시들해졌다. 반나절쯤 뒤 아이들의 화제는 자연스레 누가 누구에게 고백을 받았다느니, 아이돌 열애설이 떴다느니 하는 화제로 옮겨 갔다.

연아가 갑자기 교탁 앞에 섰다. 그리고 마치 선생님처럼 교탁 위 종을 쳤다.

땡땡-

찬물을 끼얹듯 교실이 조용해졌다. 아이들의 시선이 한꺼번에 연아에게 꽂혔다. 그렇다. 연아는 무언가를 하고 싶

었다. 막상 모두의 눈동자가 제게로 향하자 잠시 당황했지만, 침을 꼴깍 삼키고 입을 열었다.

"있지, 나는 코끼리 분식을 구하고 싶어! 혹시 나랑 같이 할 사람 있다면 수업 끝나고 내 자리로 오라고."

"뭐지? 김연아가 웬일이래?"

"쟤 떡볶이 좋아해? 전혀 몰랐는데."

아이들이 수군거렸다. 마침 수업 시작을 알리는 종이 쳤다. 저 멀리서 선생님이 걸어오는 모습이 보였다.

연아는 아이들 말소리를 뒤로하고 미끄러지듯 자리로 돌아갔다.

'괜히 나서서 귀찮은 일을 만들었나?'

연아는 고개를 흔들었다. 코끼리 분식이 사라지다니, 다시 생각해도 그냥 두고 볼 수만은 없다. 그런 건 상상조차 할 수 없다. 진짜 문제는 연아의 제안을 아무도 신경 쓰지 않는 상황이 아닐까?

그런데 수업이 끝나고 통통 뛰다시피 해 연아의 자리로 달려온 사람이 있었다!

"나도 코끼리를 구하고 싶은데. 어쩌려는 거야?"

'강희찬이라……. 흠…….'

희찬이를 보는 연아의 눈이 날카롭게 번뜩였다.

희찬이가 주춤하며 한 발 물러섰다.

"왜, 왜 그래! 내가 아까 코끼리가 망할 거라고 해서 그래? 그건 정말 망하라고 한 말이 아니야. 나도 그 소문 듣고 놀라서……. 아, 야, 삐친 거 아니지? 말해 봐, 어떻게 할 건데?"

사실 연아는 내심 반가웠다. 하지만 따져 볼 건 따져 봐야 했다. 강희찬은 한 팀이 될 만한 아이인가?

희찬이는 장난기가 많지만 그만큼 행동이 빠르고 적극적인 아이다. 학교 축구부 소속이라 친구도 많다. 한 팀이 되어도 나쁘지 않을 것이다.

'좋아, 환영해.'

"아자! 재미있겠다."

희찬이가 들고 있던 축구공을 검지 끝으로 빙그르르 돌리며 말했다.

연아는 고개를 돌리다 이쪽을 곁눈질하는 슬기와 눈이 마주쳤다.

'설마. 혹시?'

그래, 슬기도 이번 일에 관심이 있는 게 분명했다. 적절한 미끼만 던져 주면…….

"이슬기, 넌 어때? 나는 오늘 아침에 너랑 얘기하며 역시 생각하는 힘은 타고나는 건가 했어. 코끼리 분식을 살리는 데 네 똑똑한 머리가 큰 도움이 될 거야."

연아는 반 친구들과 섞여 지내는 편은 아니지만, 한 발짝 뒤에서 말없이 아이들을 관찰해 왔다. 그래서 잘 안다. 슬기가 똑똑하다는 칭찬에 약한 걸.

"흠흠……. 요새 좀 바쁜데, 그래도 뭐, 이 몸이 도움이 된다면, 어디 한번 시간을 쪼개 볼까?"

그때였다.

"나도 끼워 줄래?"

말을 건 아이는 지호다. 쉬는 시간마다 반 친구들에게 둘러싸여 있는 우리 반 최고 '인싸'. 심지어 아까 고백 해프

닝의 주인공도 지호다. 지호가 옆 반 여자아이에게 좋아한다는 고백을 받았다는 일로 4학년 전체가 한바탕 들썩였다.

 지호는 아버지와 함께 소셜 미디어에서 활동하고 있다. 전국을 돌아다니며 찍은 맛집 소개 채널 구독자가 1만 명이라고 한다. 소셜 미디어라니, 연아는 딱 질색이었다. 그런 건 남들 관심에 목마른 사람이나 하는 시간 낭비 아닌가? 아이들이 인플루언서라고 추켜세우면 지호는 "누가 요즘 그 정도로 인플루언서라고 하느냐"며 겸손을 떤다. 하여간 연아 눈에는 그런 지호가 영 별로다.

 '혹시 촬영 욕심 때문인가? 괜히 요란스러워지는 건 싫은데……'

 연아는 아랫입술을 잘근잘근 깨물었다. 슬기는 입이 귀에 걸렸지만.

 "이야, 오지호가 들어오면 든든하겠는데. 근데 너 소셜 미디어는? 그거 때문에 바쁘지 않아?"

 "아, 사실 잠시 쉬는 중. 자꾸 그쪽으로 신경이 다 쏠려서 힘들더라고. 팔로어 수나. 악플 보는 거도 한계라. 대신 집중할 수 있는 다른 일을 찾고 있었는데 잘됐지."

'대신이라니, 오지호! 너한테는 이게 심심풀이 땅콩 같나 본데, 아니거든? 나한테는 엄청나게 진지한 사안이라고!'

바스스 타들어 가는 연아 맘도 모르고 희찬이는 한술 더 떴다.

"잘됐네. 이참에 인플루언서 실력을 좋은 일에 써 봐. 연아야, 지호도 같이하는 거 괜찮지?"

세 친구가 초롱초롱한 눈빛으로 연아를 보고 웃었다.

연아는 마지못해 고개를 끄덕였다. 이렇게 얼렁뚱땅 팀이 결성될 줄이야.

희찬이가 축구공을 다시 손가락으로 빙그르르 돌리며 물었다.

"그럼 뭐부터 할까?"

"일단 프로젝트에 이름을 붙이는 게 어때? 근사하게."

지호 말에 연아는 얼굴을 확 찌푸렸다. 계획도 없으면서 근사한 이름부터 찾는 건 그냥 겉멋 같았다. 절로 퉁명스러

운 말투가 튀어나왔다.

"이름이야 아무려면 어때. 대충 정하면 되지."

슬기가 쓱 끼어들었다.

"음……, 코끼리 분식을 살려야 하니 '코끼리 구출 작전'?"

"그건 좀 환경 운동 하는 거 같지 않아?"

연아가 입술을 삐죽거렸다.

"뭐 어때? 딱인 거 같은데! 그러면 우리는 코끼리 분식을 구하는 코끼리 구조대! 코끼리처럼 거대한 문제를 파헤치는 코끼리 구조대! 어때? 좋지?"

희찬이는 그런 생각에 이른 저 스스로가 꽤나 기특하다는 듯이 우쭐거렸다.

아이들은 키득대는데, 연아의 마음은 삐걱댔다.

'코끼리 구조대? 유치하긴! 하지만…….'

괜히 시작부터 딴지를 걸고 싶진 않았다.

"뭐, 나쁘지는 않네. 그럼 이제부터 우리는 코끼리 분식을 살리기 위해 함께 고민하고 노력하는 거다!"

코끼리 구조대 출동!

네 친구는 그길로 코끼리 분식에 달려갔다. 가게 안은 먹고 떠드는 아이들로 복작대고, 코끼리 언니는 혼이 쏙 빠진 얼굴이었다. 운 좋게 2인용 테이블 두 개를 꿰찬 코끼리 구조대는 능청스럽게 느릿느릿 떡볶이를 먹으며 손님이 빠져나가길 한참이나 기다렸다.

이윽고 코끼리 분식에는 구조대만 남았다.

연아와 눈이 마주친 코끼리 언니가 지친 얼굴에 애써 미소를 띠었다.

"통 정신이 없어서 단골손님이 온 줄도 몰랐네요."

희찬이가 연아를 툭 쳤다. 연아는 얼떨결에 맨 앞으로 나가 섰다. 그러나 표정은 그 어느 때보다 결연했다.

"언니, 코끼리 분식은 우리에게 무지무지 소중한 장소예요. 이 가게를 꼭 좀 지켜 주세요."

언니가 입술을 꼭 다물고 크게 숨을 들이쉬었다. 그러더니 차분히 입을 열었다.

"코끼리 분식을 아껴 줘서 고마워요. 나도 그러고 싶지만, 약속을 지킬 수 있을지……. 이대로면 3개월도 채 못 버틸 거예요."

"3개월이라고요?"

코끼리 분식이 멸종하기까지, 시간이 얼마 남지 않았다.

슬기의 꿈은 CEO

#기업가 정신 #경영자 #CEO(최고 경영 책임자)

경영자는 기업을 이끄는 사람이에요. 기업이 나아갈 목표를 정하고, 기업의 대표로서 고객, 주주, 언론을 향해 목소리를 전달하지요.

주주는 어떤 회사의 주식을 가진 사람이야. 회사가 낸 이익을 나눠 받고 중요한 결정에 목소리를 낼 권리를 지녀.

사건 현장으로 출동하다

"소셜 미디어에 코끼리 분식 동영상을 올려서 손님을 더 끌어 보자."

"평소에도 앉을 자리가 없을 만큼 손님이 바글거리는데? 손님이 없어서 위기인 게 아니라고!"

"그렇다면 너는 뭐 뾰족한 수가 있니?"

코끼리 분식의 수명이 고작 3개월 남짓 남았다는 이야기를 듣고 난 뒤, 구조대 아이들은 틈만 나면 연아 자리로 모인다. 안타깝게도 회의는 며칠째 도돌이표를 찍고 있다. 말만 많을 뿐, 매번 이렇다 할 결론도 없이.

연아는 머리가 지끈거렸다. 혼자 조용히 책을 읽던 시간이 그리웠다.

희찬이 눈이 반짝거렸다.

"너희, 첩보 영화 본 적 있지? 보통 비밀 요원은 정보부터 모으고 적진에 침투하거든?"

"그야 그렇지."

"우리도 정보부터 수집해야 하지 않을까? 일주일쯤 코끼리랑 주변 가게를 조사해 보자. 비밀 요원처럼!"

일리가 있는 말이었다. 구조대는 방과 후에 바로 활동을 개시했다. 마침 금요일은 다들 시간표가 널널했다.

가게가 가까워지자 희찬이가 벽에 몸을 바짝 붙이고 흥얼거렸다.

"빰빠밤빠, 빠빠빠빠, 빰빠밤빠, 빠빠빠빠."

"빠바밤, 빠바밤, 빠밤."

비밀 요원처럼 앞뒤 좌우를 살피며 가는 희찬이를 따라

지호도 같은 포즈를 취하며 갔다. 슬기가 두 사람을 보며 깔깔거렸다.

가게 앞에 이르자 연아가 손뼉을 짝 쳤다.

"자, 집중! 작전은 진지하게 해야지. 서로 역할과 구역을 나누자. 나랑 희찬이가 가게 안에서, 슬기랑 지호가 밖에서 상황을 살펴보는 게 좋겠어."

"그런데 뭘 봐야 하는데?"

희찬이가 머리를 긁적이며 물었다.

"손님들의 대화, 표정, 코끼리 언니의 말, 행동. 그런 '디테일'을 하나하나 살펴 특이점을 찾아보면 되겠지?"

연아는 구조대를 이끄는 자신의 모습이 조금 멋져 보인다고 생각했다.

슬기와 지호 팀은 가게로부터 멀찌감치 떨어져 서서 바깥 사정을 엿보았다. 그러자 평소에는 대수롭지 않게 여겼던 장면이 반복해서 눈에 띄었다.

"우아, 겨우 세이프!"

"에잇, 한발 늦었네!"

가게 문턱을 넘는 손님들 사이에 환호성과 한숨이 엇갈렸다. 그야말로 자리 쟁탈전이 한창이었다. 꽤 많은 손님이 자리가 없는 것을 보고 발길을 돌렸다.

"5분 동안 세 팀이나 왔다 그냥 갔어. 손님이 와도 못 팔면 안 오는 거랑 뭐가 달라?"

지호 말에 슬기가 맞장구를 쳤다.

"바로 그거야. 가게가 매출을 올리려면 판매량을 올려야 해. 그런데 이런 식이면 수요 가 있어도 판매로 이어지기가 어렵지. 회전율부터 높여야겠는데."

> 수요는 소비자가 어떤 물건이나 서비스를 구매하려는 욕구를 뜻해.

> 회전율은 일정 기간 동안 좌석 하나에 다녀간 손님 수를 나타내.

"너는 정말 어려운 말을 쓰는구나. 그러니까 사려는 사람은 많은데, 그만큼 떡볶이가 안 팔린다는 말이지?"

한편 연아와 희찬이는 매서운 눈으로 가게 안을 관찰했다. 특히 연아는 코끼리 언니의 행동을 유심히 봤다.

"어, 같이 시킨 튀김이 안 나왔어요!"

"저기, 저희가 먼저 왔는데, 이쪽은 언제 나와요?"

"거스름돈을 적게 주셨는데요."

코끼리 언니가 자꾸만 실수를 했다. 주문 접수며, 조리며, 서빙이며, 계산까지 1인 4역을 하려니 만만치 않아 보였다.

희찬이가 주문을 서둘렀다.

"누나, 떡볶이 1인분에 계란 2개, 모둠 튀김이요. 맞다, 어묵도요!"

"강희찬, 작전 중인 거 몰라? 뭘 그렇게 많이 시켜?"

주문이 들어갔지만 20분이 지나도록 감감무소식이었다.

희찬이가 엉덩이를 들썩였다.

"아휴, 내가 서빙이라도 도울까? 가게가 너무 바쁘네."

연아가 희찬이를 붙잡아 앉혔다.

"좀 참고! 잘 관찰해 봐! 뭔가 이상해. 코끼리 분식이 바글바글한 게 인기 때문이 아닌가 봐."

"무슨 소리야? 인기가 많은 건 사실이지."

연아가 "쉿!" 하고는 나직한 목소리로 속삭였다.

 "할머니는 손님들에게 주문서를 직접 적어 오게 했어. 받은 주문서는 조리대에 순서대로 붙였고. 주문이 잘못 들어갈 일이 없었지. 그때랑 비교하면 솔직히 엉망이라니까."

 연아의 말에 희찬이는 의기양양한 목소리로 말했다.

 "에헴. 내가 한꺼번에 잔뜩 주문한 것도 그런 '디테일'을 보기 위해서였다고. 덕분에 뭐가 문제인지 딱 보이네!"

 희찬이의 말에 연아가 픔, 웃음을 터뜨렸다.

한 시간 뒤, 구조대 아이들은 학교 옆 놀이터에 모였다.

희찬이가 신나서 말했다.

"내가 그랬지? 답은 현장에 있다고. 정보를 모으니까 뭐가 문제인지 딱 보이지? 맞지?"

연아가 말했다.

"내 생각에는, 시간대를 바꿔서 조사해 봐도 좋겠어. 내가 4시 넘어서 한 번 더 가 볼게."

그러자 지호가 손을 번쩍 들었다.

"나도 같이 갈래. 마침 태권도 학원 쉬는 날이거든."

"네 담당은 가게 밖 아니야?"

연아가 눈살을 찌푸렸다. 어쩐지 자신의 영역을 침범당하는 듯해 기분이 좋지 않았던 것이다.

"뭐 어때. 이참에 담당 구역을 바꿔 보면 또 새로운 걸 발견할 수 있을지 몰라."

슬기가 지호 편을 들었다. 연아는 욱하는 마음을 애써 눌렀다.

"그러고 보니 또 좋은 아이디어가 떠올랐어!"

희찬이가 오른손을 이마 위에 올리고 먼 산을 바라보는 자세를 취했다.

"지금까지 코끼리 분식을 조사했으니 이제 주변의 적들

을 살펴보는 거야."

"오, 좋은 생각이야. 강희찬!"

"그렇지? 역시 슬기는 척 하면 착이네. 그럼 바로 갈까? 오늘은 자율 훈련이라 축구부 안 가도 되거든."

"오케이! 난 수학 학원에 가야 해서 30분밖에 시간이 없지만, 얼른 한 바퀴 돌아보자!"

희찬이와 슬기는 죽이 척척 맞았다.

어쩌다 보니 연아는 지호와 둘이 남았다.

"연아야, 한 시간 정도 남네? 너는 이제……."

"나는 도서관 좀. 이따 봐!"

연아가 찬바람을 내뿜으며 지호에게서 돌아섰다.

오후 3시 50분, 연아는 일부러 약속 시간보다 십 분 일찍 코끼리 분식에 도착했다. 이 시간대는 가게가 한산하니까 잘하면 코끼리 언니와 단둘이 이야기를 할 수 있겠다고 기대하며 문을 열었다.

"어이, 여기야!"

지호가 반가운 듯 손을 흔들었다.

'눈치 없이 약속 시간보다 일찍 오다니……'

연아는 속으로 툴툴거리며 지호 맞은편에 앉았다. 그런 연아 속을 아는지 모르는지 지호는 코끼리 언니에게 넉살 좋게 말을 건넸다.

"누나, 저 사실 방과 후 교실에서 요리 배우거든요."

'어라? 요리라.'

연아는 의외의 발견에 솔깃해졌다.

"그래서 요리에 관심이 많은데, 코끼리 떡볶이 소스가 신기할 정도로 자꾸 생각이 나요. 매운맛, 단맛, 짠맛이 잘 어우러져 있어서 그런가. 그런데 이상하네요. 원래 이 시간에는 손님이 별로 없나요?"

코끼리 언니가 큰 숨을 한번 내쉬고 미소 지었다.

"겨우 한숨 돌리는 거죠. 원래 하교 시간에 밀물처럼 손님이 밀려들다 4시 정도 되면 썰물처럼 빠져나가거든요. 그러고 나면 두 시간쯤 이렇게 한가해요."

연아는 갸우뚱했다. 코끼리 언니는 손님이 없는 두 시

간을 대수롭지 않게 여기고 있었다. 오히려 다행이라고 여기나 보았다. 가게 주인이라면 보통 손님이 많기를 바라지 않나?

'왜 늦은 오후에는 손님이 없을까? 코끼리를 이대로 둬도 괜찮을까?'

이순신 장군이 장사를 했다면?

#시장 조사

슬기와 희찬, 둘이 함께 시장 조사에 나서는데…….

그나저나 강희찬, 나는 오늘 너 다시 봤다. 정보부터 모으자는 아이디어를 내다니. 까불이인 줄 알았는데 제법이네?

축구는 인생의 축소판, 축구를 하면서 그런 깨달음을 얻었지. 승리를 위해 꼭 필요한 건 뭐다? 지피지기 백전백승! 적을 알고 나를 알면 백 번 싸워도 백 번 이긴다는 거야.

이순신 장군이 《난중일기》에서 한 말이지. 어떤 싸움에 뛰어들든 나와 상대의 강점과 약점을 비교해 보는 것이 먼저라는 뜻이고.

오, 이순신 장군님도 장사를 했다면 정보부터 모았겠네?

재미있지? 축구도, 전쟁도, 기업 경영도 서로 통한다는 거니까. 축구에서 우리 팀과 상대 팀, 경기장 환경을 파악해서 작전을 세우는 게 기업이 하는 시장 조사랑 비슷하단 말이지.

시장 조사?

기업이 상품과 소비자, 경쟁 회사에 대한 다양한 정보를 수집하는 과정이지.

아우, 또 시작이야! 너는 어쩜 그렇게 어려운 이야기만 하냐! 따라온다고 할 때 알아봤어야 했어.

어라, 어려울 게 뭐 있어? 네가 축구화 회사 사장님이라고 해 봐. 축구화를 잘 팔려면, 소비자가 바라는 가격은 얼마쯤인지, 어떤 기능을 원하는지, 주로 가는 매장이 어디인지 알아보겠지. 한편 다른 회사가 내놓은 축구화의 가격과 특징, 홍보 방법도 파악해야 할 거야. 이런 게 모두 시장 조사라고.

축구로 예를 드니까 정말 이해가 잘되네?

총정리! 기업들은 시장 조사를 해서 모은 정보를 바탕으로 새로운 제품을 개발하고, 가격을 정하고, 제품을 알릴 방법을 생각해. 코끼리 분식도 전략을 제대로 세우려면 반드시 시장 조사를 거쳐야 하고.

좋았어. 그럼 얼른 정보를 모아 보자고. 강희찬 요원, 준비 완료!

깔깔깔. 이슬기 요원도 준비 완료!

요리 분석 조리 분석

　월요일, 코끼리 구조대는 등교하자마자 한자리에 모였다. 아침 활동이 시작되기도 전인데 네 친구의 눈이 반짝거렸다. 하고픈 말이 많아서 주말 내내 입이 근질거린 눈치였다.

　"먼저 나부터! 내가 찾은 문제는 자리를 못 잡아서 그냥 돌아가는 사람이 너무 많다는 거야."

　슬기가 포문을 열고 희찬이가 그 말을 받았다.

"가게도 좁지만, 코끼리 누나가 우왕좌왕하느라 음식이 더 늦게 나오더라."

이번에는 지호 차례.

"반대로 늦은 오후에는 안이 텅텅 비어 있어. 하교 시간에는 자리가 없어서 떡볶이를 못 팔고, 늦은 오후에는 사람이 없어서 떡볶이를 못 파는 거야. 왜 그 시간대에는 손님이 없을까?"

지호 말에 연아는 놀랐다. 분명 지호는 코끼리 분식에서 마주 앉은 연아와 한마디도 나누지 않았다. 그저 코끼리 언니와 두런두런 대화를 주고받다가 5시가 되자마자 쌩하니 집에 돌아갔다. 그런데 알고 보니 지호가 하고 있던 생각이 자신과 꼭 같았다.

"사실 나도 비슷한 생각을 했어. 코끼리 분식에서 10미터 떨어진 편의점과 무인 과자 가게는 그때도 늘 붐비거든. 우리 단지초 애들은 학교가 끝나도 집, 학원, 놀이터 가는 길에 수시로 그런 가게를 드나드니까. 하지만 유독 코끼리 분식만 4시부터 잠잠해지고, 5시 너머까지도 손님이 뜸해.

도대체 왜 그럴까?"

연아가 던진 질문을 희찬이가 휙 낚아챘다.

"친구들, 그건 간단해. 축구부 훈련이 끝나면 엄청 출출

한데 애들이 코끼리 분식보다 편의점으로 몰려가. 왜냐고? 빨리 배를 채우고 싶은데 떡볶이를 먹으려면 기다려야 하거든. 그래서 뭐든 바로 먹을 수 있는 편의점으로 가는 거지."

연아가 시계를 보았다. 곧 선생님이 오실 시각이었다.

"슬슬 정리해 볼까?"

연아는 가방에서 공책을 꺼내 지금까지 나온 이야기를 또박또박 썼다.

> 코끼리 분식의 문제점
> 1. 바쁜 시간에는 자리가 없고 늦은 오후에는 손님이 없다.
> 2. 주문, 서빙 실수 때문에 음식이 늦게 나온다. 그래서 손님들이 오래 기다린다.

슬기가 소매를 걷어붙였다.

"오케이, 1번 문제의 해결책으로 이거 어때? 서서 먹는 메뉴를 만드는 거야. 어묵 꼬치나 돈까스 꼬치 같은 것."

"좋은 생각인데?"

"동감이야."

"동의해."

드디어 첫 단추를 꿴 기분이었다. 네 친구의 뜻이 정말로 통한 첫 번째 순간이었다.

연아는 재빨리 다음으로 넘어갔다.

"두 번째 문제는? 코끼리 언니가 자꾸 실수해서 생기는 문제 말이야."

이번에는 지호가 나섰다.

"나는 점원이 꼭 필요하다고 생각해. 조리 빼고 나머지 일을 맡아 줄 사람."

슬기가 맞섰다.

"지금 내가 제대로 들은 건가? 점원이라니! 인건비도 비용이야. 코끼리 분식은 원래도 할머니 혼자 운영하시던 가게라고. 언니도 가게 일이 익숙해지면 척척 해낼 거야. 이렇게 힘든 시기에 점원을 새로 뽑으면 적자가 더 커질 텐데, 그건 곤란해."

희찬이가 지호 의견을 거들었다.

"코끼리 누나가 할머니를 따라잡아? 에이, 못해도 10년은 걸릴걸? 점원이 있는 게 나아."

잠시 침묵이 흘렀다. 슬기가 팔짱을 끼고 물었다.

"연아, 너는 어떻게 생각해? 코끼리 분식은 네가 제일 잘 알잖아."

"나도 슬기랑 생각이 같아. 언니가 할머니한테 하나하나 직접 배우는 게 가장 좋을 텐데……."

"잘 들었나요? 오지호 님, 강희찬 님, 점원이 필요하다는 여러분의 의견도 완전히 틀렸다고만은 할 수 없어요. **투자** 라고 본다면 말이지요. 하지만 백번 양보해도 떡볶이 가격을 왕창 올려야 늘어난 인건비까지 감당할 수 있어요. 안 그러면 세 달은 무슨, 한 달도 못 버틸 거라고요. 이상."

> **투자**는 미래의 이익을 위해 돈이나 시간, 노력을 들이는 일이야.

"뭐? 떡볶이 값을 올려?"

희찬이가 눈을 왕방울만 하게 떴다.

그때였다. 연아는 번뜩 이상하다는 생각이 들었다.

"잠깐, 그런데 말이야. 코끼리 분식이 위험에 빠진 건 뭐 때문일까?"

"얘는, 여태 같이 이야기하고 무슨 뚱딴지같은 소리야?"

희찬이가 인상을 잔뜩 찌푸렸다.

연아는 어둠 속을 들여다보듯 눈을 가늘게 떴다.

"생각해 봐. 이러니저러니 해도 코끼리 분식에는 늘 손님이 많아. 그런데도 가게가 힘들다니, 뭔가 이상하잖아. 과연 문제의 원인이 코끼리 언니에게만 있을까?"

모두 골똘히 생각에 잠겼다.

갑자기 희찬이가 몸을 비틀며 머리를 움켜쥐었다.

"아우, 머리 아파! 차라리 운동장을 백 바퀴 도는 게 더 쉽겠어."

마침 수업 시작종이 울려 퍼졌다.

슬기가 말했다.

"사실 내가 주말에 조사한 게 하나 있어. 이게 실마리가 될 수도 있을 것 같으니까 점심때 한 번 더 모이자. 연아야, 공책은 내가 잠깐 빌릴게."

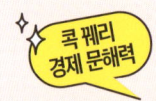 # 왜 아빠는 맨날 경제 뉴스를 볼까?

#금융 문해력

시간이 멈춘 분식집

"뭐, 뭐, 뭐지? 너 벌써 밥 다 먹었어?"

연아가 고기 한 점을 입으로 밀어 넣는데 불쑥 나타난 희찬이가 연아와 눈을 맞췄다. 점심시간을 알리는 종이 치자마자, 희찬이는 일등으로 급식을 받아 해치웠다. 말 그대로 바닷물을 빨아들이는 고래처럼.

희찬이가 잔뜩 부풀어 오른 배를 두드렸다.

"코끼리가 어려워진 진짜 이유가 궁금해서 참을 수가 있어야 말이지."

아니나 다를까 슬기와 지호까지 곧 연아 앞에 나타났다.

'코끼리를 구하려다가 내가 말라 죽을지도 몰라.'

연아는 고개를 절레절레 젓고 서둘러 식사를 마쳤다.

코끼리 구조대는 운동장 한쪽에 있는 야외 테이블로 자리를 옮겼다.

슬기가 연아 공책에 끼워 온 종이 한 장을 꺼냈다.

"사실 난 어쩌면 가격이 제일 중요한 문제다 싶어. 코끼리 분식에서 파는 음식은 주변 가게에 비해 너무 싸. 코끼리 분식을 빼면 우리 동네에서 가장 저렴한 떡볶이는 온니유 편의점이야. 4000원. 가장 비싼 분식천국 떡볶이는 5000원이고. 그런데 코끼리 분식은 3000원이야."

"가격이 싼 게 왜 문제야? 나는 코끼리 떡볶이 가격이 싸서 좋은데? 그건 약점이 아니라 강점이겠지!"

희찬이가 따졌다. 슬기는 공책을 톡톡 쳤다.

"물론 싼 가격이 무기가 될 수는 있어. 박리다매라고, 이

윤을 적게 남기는 대신 손님 수를 확 당겨서 전체 매출을 높이는 방법이야. 하지만 지금 코끼리 분식은 적자만 쌓이고 있어. 이 말은 싸도 너무 싸게 팔아서 이윤이 남기는커녕 손해만 본다는 뜻이야."

연아가 고개를 갸웃거렸다. 분명 최근까지 분식천국 떡볶이 가격은 4500원이었다. 코끼리 분식이 문을 닫아서 허탈한 마음에 찾아갔었다. 울며 겨자 먹듯, 5000원짜리 지폐를 내밀고 거스름돈을 받았었다.

"슬기야, 너 이거 제대로 조사한 거지? 내가 기억하는 것보다 가격이 오른 것 같아."

슬기가 박수를 탁 쳤다.

"오케이, 바로 그거야. 요즘 어른들이 하는 말 들어 봤어? 물가가 올랐다는 둥, 인플레이션 이 왔다는 둥."

> 물가가 꾸준히 오르는 현상은 인플레이션, 지속적으로 내리는 현상은 '디플레이션'이라고 불러.

희찬이가 맞장구쳤다.

"응. 엄마랑 마트에 갈 때마다 듣는 얘기야."

슬기가 만족스럽다는 듯 고개를 끄덕였다.

"그렇다니까. 잘 들어 봐. 내가 주말에 호시탐탐 음식점 메뉴판을 둘러보다 뭘 발견했게?"

"글쎄, 파리?"

희찬이가 장난을 쳤지만, 그러거나 말거나 슬기는 할 말을 이어 갔다.

"가격표에 스티커 붙은 데가 꽤 많아. 예전 가격을 지우고 새 가격을 붙인 거지. 물가가 오르면 가게들이 장사를 하기 위해 써야 할 비용도 함께 늘거든. 그러니까 늘어난 비용을 고려해서 가게들도 판매가를 올렸을 거야. 그래야 계속 이윤을 낼 수 있을 테니까."

"그럼 네 말은 코끼리도 다른 가게들을 따라 가격을 올려야 한다는 거야?"

유독 가격에 민감한 희찬이가 다시 눈을 동그랗게 떴다.

슬기가 특유의 학급 회장 말투로 말했다.

"강희찬 님, 제가 지금 그냥 남을 따라 하자는 게 아니잖아요? 물가가 올랐으면, 전반적으로 비용도 늘었을 테니, 코끼리 분식도 지금의 판매가가 적당한지 따져 봐야 한다이 말이죠."

연아가 고개를 끄덕였다.

"역시 언니만의 문제가 아니었어."

슬기가 차근차근 다시 정리했다.

"언니가 가게를 맡고 나서 물가가 훌쩍 뛰었어. 즉 인플레이션이 계속되는 상황인데도 코끼리 분식만 판매 가격에 물가가 오른 걸 제때 반영하지 못한 게 위기의 핵심이라, 이거야."

지호가 거들었다.

"코끼리 분식에 가면 시간이 멈춘 느낌이지. 적어도 내가 용돈을 받기 시작한 이후 가격이 한 번도 안 변했거든."

희찬이는 불퉁해진 얼굴로 말이 없었다. 아랫입술을 삐죽 내밀고 콧김까지 쉭, 내쉬었다. 하지만 이내 고개를 끄덕였다. 내키진 않지만 슬기의 주장을 부정하기는 어려운 모양이었다.

연아는 공책에 쓴 '코끼리 분식의 문제점'에 한 줄을 더 보탰다.

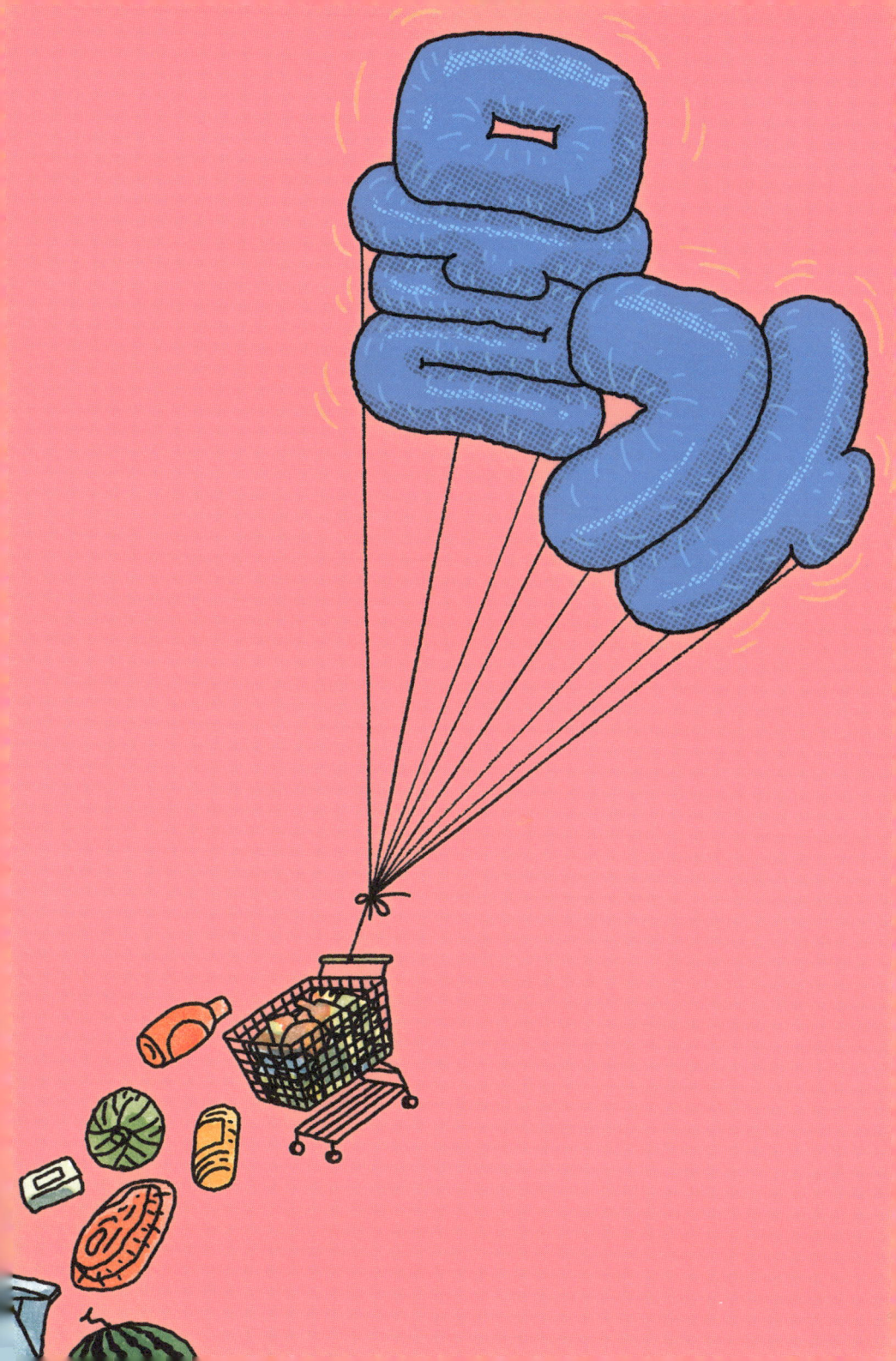

> 3. 물가가 올랐는데 코끼리 분식은 가격이 그대로다. 반면 주변 가게는 가격을 올렸다.

학교를 마친 코끼리 구조대는 부푼 마음을 안고 코끼리 분식으로 달려갔다.

연아가 노트를 든 손을 번쩍 들고 가게 문을 밀쳤다.

"코끼리 분식을 살릴 방법을 드디어 찾았어요!"

잔뜩 흥분한 연아의 모습에 코끼리 언니가 깜짝 놀란 표정을 지었다.

연아가 언니에게 공책을 건넸다. 공책에는 아이들이 시장 조사를 하면서 보고 들은 내용, 이를 바탕으로 찾은 문제점이 꼼꼼히 적혀 있었다. 물론 이번 작전의 하이라이트인 해결책 '코끼리 구출 작전'도 들어 있었다!

언니는 연아가 건넨 공책을 찬찬히 살폈다. 그러고는 공책을 덮은 뒤, 한참이나 말이 없었다.

코끼리 구출 작전
1. 손님들이 서서 먹을 수 있는 메뉴를 만든다.
2. 주문과 서빙을 맡을 점원을 뽑는다.
3. 물가를 고려해 가격을 적정 수준으로 올린다.

"어떨……까요?"

기다리다 못한 지호가 조심스레 물었다.

코끼리 언니가 드디어 입을 열었다.

"고민해 줘서 고맙지만, 여기 적힌 대로 하기는 어렵겠어요."

지호가 멋쩍게 웃으며 물었다.

"아, 뭔가 다른 계획이 있다는 뜻이군요?"

코끼리 언니의 목소리는 덤덤했다.

"코끼리 분식에 문제가 많은 건 잘 알고 있어요. 서투른 사장이 맨날 실수를 밥 먹듯 하고, 그냥 돌아가는 손님이 많다는 지적도 모두 옳아요. 하지만 지금 변화를 주는 건 너무 위험해요."

희찬이가 되물었다.

"위험하다고요?"

"점원을 뽑으면 인건비가 들어요. 지금도 이윤이 안 남는데 손해가 눈덩이처럼 불겠지요."

슬기가 두 주먹을 꼭 쥐었다.

"맞아요, 그래서 새로운 메뉴를 추가하는 방법도 고민해 봤는데요."

"서서 먹는 메뉴 말이지요? 그것도 좋은 생각이지만…… 메뉴만 개발한다고 끝이 아니에요……. 매대도 만들어야 하고요."

슬기가 절박하게 외쳤다.

"가격! 가격을 조정하는 건 어렵지 않을 거예요."

"그랬다가 손님들의 인심만 잃지 않을까요?"

코끼리 언니는 안 된다는 말만 반복했다. 가게를 살리려는 의지가 없는 사람처럼.

슬기가 차갑게 말했다.

"아무것도 하지 않으면 상황은 나아지지 않아요. 변하려

면 문제에 부딪혀 봐야 한다고요."

하지만 더는 돌아오는 대답이 없었다.

코끼리 구조대는 일단 철수하기로 했다.

가게 문을 나선 뒤, 네 아이는 한참을 묵묵히 걸었다.

그때 연아가 침묵을 깨고 외쳤다.

"참, 공책!"

"내가 후딱 갔다 오지, 뭐!"

재빨리 돌아서는 희찬이를 연아가 붙들었다.

"됐어, 그럴 거 없어."

지호가 들릴 듯 말 듯 긴 숨을 내쉬었다.

슬기는 나지막이 투덜댔다.

"이것도 안 돼, 저것도 안 돼, 언니는 너무 부정적이야."

희찬이는 부러 소리 높여 말했다.

"절대 포기하면 안 돼. 두고 봐, 내가 매일 코끼리 분식에 가서 설득할 테니. 안 되면 되게 하라!"

반면 연아 생각은 세 사람과 달랐다. 발갛게 상기된 얼굴로 코끼리 분식 문을 열던 열정은 온데간데없이 사라졌다.

"소용없을걸? 코끼리 언니에게는 그냥 애들 장난 같나 봐. 어른들은 애들 머리에서 나온 생각을 하찮게 여기잖아. 매일 설득해도 결과는 바뀌지 않을 거야."

그러고는 폭탄선언을 했다.

"이제 코끼리 분식은 끝이야! 난 빠지겠어."

순간 희찬이의 표정이 딱딱하게 굳었다.

"야, 김연아! 너, 뭐냐?"

"내가 뭐?"

"코끼리 구조대 만든 건 너잖아. 그런데 이제 와서 도망치기야? 너 이렇게 무책임한 애였어?"

지호와 슬기가 희찬이를 뜯어말렸다.

연아는 희찬이 눈동자가 불꽃처럼 이글거리는 걸 보았다. 아무리 그래도 끝난 건 끝난 거다. 코끼리 구출 작전은 실패했다.

용돈 빼고 다 올랐다고?

#물가 #인플레이션

아빠와 동네 시장 나들이에 나선 지호, 호떡 판매대 앞에서

 안녕하세요. 씨앗 호떡 두 개만 주······, 헛! 지난번에는 분명히 한 개에 1500원이었는데, 언제 2000원으로 올랐지요?

 오랜만이구나. 버티고 버티다 이달부터 가격을 올렸단다. 설탕 값이고, 밀가루값이고 간에 재료값이 너무 올라서 어디 버틸 수가 있어야지, 원.

 남은 용돈이 3000원뿐인데······. 그럼 한 개만 주세요.

집으로 가는 길에

 요즘 인플레이션이 심하다더니. 시장에 오니 실감이 나네. 아까 재료 값이 올라서 결국 호떡 가격도 올랐다는 말, 들었지?

 예전 가격이면 두 개를 샀을 텐데 이제 한 개밖에 못 사네요.

 상품 가격이 오르면 판매량이 줄 수밖에 없지. 그렇지만 상인들도 밑지고 팔 순 없으니까 가격을 올릴 수밖에 없고. 이렇게 물가가 전반적으로 꾸준히 오르는 현상을 뭐라고 한다?

 인플레이션!

제법인데?

 호떡 가게 사장님도 고민 끝에 500원만 올리기로 한 거군요. 판매량이 너무 줄면 안 되니까 더 올리진 못하고요.
그나저나 물가가 오르면, 제 용돈도 같이 올라야 하는 거 아닐까요? 용돈으로 살 수 있는 게 점점 줄어드는데…….

 너 혹시 '용돈 빼고 다 올랐다'는 말, 들어 봤니?

 너무해요!

 하하하. 집에 돌아가서 용돈을 조정해야 할지 상의해 보자.

사장님이 달라졌다?!

 일주일이 쏜살같이 흘렀다. 연아의 일상은 코끼리 구출 작전을 시작하기 전으로 돌아갔다. 혼자 책을 읽고 그림을 그리던 여유로운 일상으로. 물론 달라진 점도 있다. 마음의 고향, 코끼리 분식을 잊기로 한 것이다. 코끼리 생각이 날 때마다 참고 또 참았다.

 월요일 수업이 끝난 뒤, 누가 말을 걸었다.

"연아야, 떡볶이 먹으러 가자."

지호였다.

"코끼리가 언제 사라질지 모르는데, 있을 때라도 자주 가야지. 오늘 다 같이 떡볶이 한 접시, 어때?"

'어쩜 오지호 얘는 이렇게 물렁할까? 좋은 게 좋은 거라는 식이잖아. 정말 나랑은 다른 종족 같아.'

그때 슬기도 슬며시 연아의 책상 앞으로 와 섰다. 그 뒤로 희찬이도 쭈뼛대며 고개를 디밀었다.

연아는 가슴 한구석이 살짝 아렸다. 솔직히 연아도 코끼리가 정말 그립기는 했다.

'하긴, 없어지기 전에 많이 먹어야 한다는 말도 일리는 있네.'

결국 연아는 못 이기는 척 아이들과 함께 코끼리 분식으로 갔다.

짤랑-.

코끼리 분식 문에 달린 종소리가 경쾌하게 울려 퍼졌다.

오늘도 이미 자리는 꽉 찼다. 그런데 뭔가 달랐다. 가게 안을 흐르는 공기가 활기찼다.

"어머! 기다리고 있었어요."

코끼리 구조대가 가게 문을 열고 안으로 들어서자 코끼리 언니가 반색했다.

"일주일 동안 정말 후회했어요. 열심히 고민해 준 여러분이 얼마나 속상했을지……."

코끼리 언니가 한 사람 한 사람 눈을 맞추었다. 하지만 연아는 고개를 팩 돌렸다.

"저, 사실 여러분이 두고 간 공책을 열심히 들여다보다 좋은 생각이 떠올랐어요. 괜찮으면 5시쯤 와 주지 않을래요? 꼭 같이 상의하고 싶은 게 있어서요."

코끼리 언니는 이렇게 말하고 다시 정신없이 손님을 맞았다. 코끼리 구조대는 떠밀리듯 가게 밖으로 나왔다.

"아우, 냄새만 맡고 나오다니 고문이 따로 없네."

희찬이가 구조대 친구들 눈치를 살피며 너스레를 떨었다. 사실 아이들은 코끼리 언니가 하려는 말이 무엇인지 궁금해 배고픔도 잊은 터였다.

　지호가 정신을 차리고 말했다.

"우리 5시에 다시 모일까?"

　코끼리 구조대는 저마다 놀이터로, 학원으로, 운동장으로 흩어졌다.

'흠……. 나만 남았다, 이거야?'

　갑자기 홀로 남은 연아는 등 뒤로 찬바람이 스치기라도 하듯 멍해졌다. 이런 게 쓸쓸하다는 걸까?

'맞다, 예약 도서가 들어오는 날인데. 까먹을 뻔했네!'

　연아는 서둘러 도서관으로 걸음을 재촉했다. 도서관에 앉아 책을 펼치면 시간이 금방 흐를 줄 알았다. 하지만 막상 책을 손에 쥐고도 글자가 통 눈에 들어오지 않았다. 코끼리 분식에 대한 원망, 기대, 호기심 등 많은 감정이 한바탕 연아를 휩쓸었다.

　늦은 오후가 되어 다시 모인 코끼리 구조대 앞에 코끼리 언니가 떡볶이 한 상을 내왔다.

"일주일간 고민해 봤어요. 가게에 투자할 돈은 어떻게 마련할까? 가격은 어떻게 조정할까? 궁리에 궁리를 거듭하다 보니까 방법이 보였어요."

"그럼요, 하늘이 무너져도 솟아날 구멍은 있댔어요!"

희찬이의 해맑은 목소리에 아이들이 한바탕 웃었다. 코끼리 언니도 오랜만에 밝게 웃었다.

"얼마 전에 요 앞 카페에 키오스크가 새로 들어온 걸 보게 됐어요. 카페 사장님 말이 나라에서 소상공인 을 위해서 키오스크 설치비 일부를 지원해 주더라는 거예요."

> 소상공인은 일하는 사람이 열 명이 안 되는 작은 기업을 뜻해.

"우아, 정말요? 키오스크를 설치하려면 돈이 엄청 많이 드는 줄 알았는데!"

"여기저기 알아보니 우리 코끼리 분식도 지원 자격을 충족하더라고요. 키오스크를 설치하면 아무래도 제가 음식을 만드는 데 좀 더 집중할 수 있을 것 같아요."

좋은 생각이었다. 사람 점원 대신 로봇 점원을 들여오겠다는 셈이니까. 키오스크가 있으면 당분간 추가로 돈을 지

출하지 않더라도 일손을 덜 수 있을 것이다.

"그리고 한 가지 더. 서서 먹는 메뉴도 만들려고 해요. 조리대가 창가 쪽에 가까우니까 창밖으로 작은 매대를 마련하려고요. 매대를 만드는 데 필요한 비용은 은행에서 빌려야겠지만. 코끼리 분식처럼 작은 기업이 낮은 이자로 돈을 빌릴 수 있는 대출 상품이 있더라고요."

코끼리 분식에 변화의 바람이 불고 있었다. 구조대가 그토록 바라던 일이 이뤄지는 것이다. 아이들은 날아갈 듯 기뻤다.

"그런데 여러분이 꼭 좀 도와줬으면 하는 일이 있어요. 메뉴를 개발할 때, 의견을 줄 수 있어요? 새로운 메뉴는 어린이 입맛에 딱 맞춰 보려고요."

"맡겨만 주세요!"

코끼리 구조대가 한목소리로 외쳤다. 좀처럼 큰 목소리를 내지 않는 연아도 함께했다. 그러고는 다 같이 웃음을 터뜨렸다.

잠자리에 들 시간, 연아는 눈을 감고 하루를 되새겼다. 마음이 상하면 뒤돌아보지 않는 연아와 달리, 지호는 늘 돌아볼 여지를 남겨 두는 거 같다.

'그래서 항상 그 안테나 같은 머리카락으로 주변을 신경 쓰고 다니는 건가?'

지호가 없었다면 연아는 영영 코끼리 분식에 다시 가지 않았을지 모른다.

'물렁물렁한 건지, 둥글둥글한 건지, 그런 성격도 쓸모가 있네.'

연아는 피식 웃으며 잠이 들었다.

돈 빌릴 때 꼭 필요한 것

#대출 #신용 #소득

쉬는 시간에 연아 자리로 모여든 구조대 아이들…….

 대망의 날이 밝았어! 오늘 코끼리 누나가 은행에 다녀온다고 했지?

 왜? 코끼리 누나가 뭐 하러 은행에 가는데?

 대출.

 아, 맞다. 돈 빌리러! 그런데 말이야, 나도 새 축구화를 사면 손흥민 선수처럼 멋진 슛을 찰 수 있는데. 은행에서 나한테는 대출 안 해 주나?

 은행이 뭘 믿고 너에게 돈을 빌려주겠어?

 그럼 누가 돈을 빌릴 수 있는데?

 빌린 돈을 갚을 능력이 있다는 믿음을 주는 사람, 즉 신용이 있는 사람이지. 돈을 갚을 능력은 소득이 있어야 생기고. 친구, 우리 모르게 벌어들이는 돈이 있는가?

 아……니.

 은행에서 대출해 주는 돈은 은행의 다른 고객이 예금한 돈에서 나와. 함부로 아무에게나 빌려줬다 떼이면 큰일 난다고.

🧑 쳇, 그러니까 나를 못 믿겠다는 거로군.

👩 코끼리 분식이 적자라 걱정이네. 은행에서는 대출자가 돈 갚을 능력이 있나 따져 본다며?

👦 그래서 코끼리 언니는 '소상공인을 위한 특별 대출'을 받을 거라고 했어.

👦 누나가 무사히 돈을 빌릴 수 있으면 좋겠다.

👧 열심히 준비했으니까 문제없을 거야.

🧑 그나저나 은행은 날 못 믿어도 너희는 날 믿지? 친구들은 내게 돈을 빌려주겠지?

👦 희찬아. 너 슬기 얘기 똑바로 안 들었냐?

👩 친구 사이에도 돈은 절대 함부로 빌려주는 게 아니라잖아. 일단 신용부터 쌓아 봐!

경제도, 우정도 신용

08
비장의 무기, 신메뉴

'가게 사정으로 오늘만 문을 일찍 닫습니다. 내일 만나요.'

오후 5시, 코끼리 언니가 가게 커튼을 치고 영업 마감 푯말을 내걸었다. 하지만 코끼리 분식의 하루는 아직 끝나지 않았다. 커튼 저편에 다섯 사람의 그림자가 어른거렸다. 코끼리 분식 사장님과 코끼리 구조대였다. 모두 코끼리 분식 발전을 위한 회의에 참석하기 위해 모였다.

코끼리 언니가 아이들 앞에 그릇을 하나씩 내놓았다. 그릇에는 하얀 가래떡 꼬치가 담겨 있었다. 따뜻한 어묵 국물에 퐁당 빠진 가래떡이 어찌나 뽀얗고 부드러워 보이던지, 아이들은 군침을 꼴깍 삼켰다.

"저녁 시간이라 출출할 것 같아서 만들어 봤어요."

지호가 말했다.

"물떡이네요. 부산에 갔을 때 아빠가 사 주셨어요. 배고플 때 너무 맛있게 먹어서 가끔 생각났는데……."

코끼리 언니가 눈을 감았다. 입가에 살짝 미소가 돌았다.

"우리 가족은 원래 부산에서 살았어요. 할머니도 부산에 살다가 삼촌을 따라 서울로 오신 거예요. 가끔 부산이 그리우면 물떡을 직접 만들곤 해요. 서울에는 물떡을 파는 곳이 거의 없으니까."

희찬이가 김이 모락모락 올라오는 물떡을 한입 크게 베어 물더니 외쳤다.

"우아, 맛있어."

"이건 브이로그로 남겨 둬야지."

지호가 갑자기 스마트폰을 들더니 물떡 먹는 모습을 영상으로 찍기 시작했다. 희찬이도 카메라 앞으로 끼어들며 호들갑을 떨었다.

연아가 그런 둘을 곁눈질하다 물떡을 집어 들었다. 한입 베어 물자 마음이 사르르 녹았다. 슬기도 흡족한 표정을 지었다.

코끼리 언니가 말했다.

"할머니가 부산에 살 때 종종 해 주시던 물떡. 또 부산에 내려온 할머니가 몰래 쥐여 주신 용돈으로 사 먹던 물떡. 그 물떡이 어찌나 맛있던지. 촉촉한 물떡을 짭조름한 간장에 찍어 먹으면 세상을 다 얻은 것처럼 행복했어요."

모두 물떡에 폭 빠져 있을 때 지호가 말했다.

"그런데 왜 서울에는 물떡을 파는 곳이 없을까요? 이렇게 맛있는데."

그때 입안 가득히 물떡을 넣고 오물거리던 연아에게 반짝, 아이디어가 스쳤다.

"바로 이거예요! 코끼리 분식에서 물떡을 팔아요! 서서

먹는 메뉴가 필요하고, 물떡은 그럴 수 있잖아요."

"으음, 요즘 어린이들이, 게다가 서울 어린이들이 물떡을 좋아할까요?"

코끼리 언니는 확신이 서지 않는 모양이었다.

"소셜 미디어 활동을 하며 배운 게 하나 있어요. 사람들은 낯선 음식, 특히 어느 지역에 가야만 맛볼 수 있는 특색 있는 음식에 꽤 흥미가 많더라고요. 그러니까 물떡도 코끼리 분식의 대표 메뉴가 될 수 있지 않을까요? 원래는 부산에 가야 먹을 수 있는 음식인데, 코끼리 분식에 오면 먹을 수 있으니까요."

슬기도 지호를 거들었다.

"나도 한 표! 이 천하의 이슬기에게 딱 하나 약점이 있다면, 매운맛에 약하다는 거거든. 그래서 떡볶이를 좋아하게 된 지도 얼마 안 됐고. 그런데 물떡은 나 같은 애들도 얼마든지 만만하게 먹을 수 있으니 대찬성!"

코끼리 언니가 아이들을 천천히 둘러보았다. 잠시 생각에 잠기는 듯하던 언니가 이윽고 입을 열었다.

"좋아요. 그럼 새 메뉴로 물떡을 고려해 봐요. 물떡은 기존 재료를 활용할 뿐 아니라 조리하기도 쉬우니까 부담도 적네요. 무엇보다 어린 시절 추억이 담긴 음식으로 코끼리 분식을 살릴 수 있다면 정말 기쁠 거예요!"

다음 안건은 가격 정책이었다.

코끼리 언니는 여전히 가격을 올리는 데 조심스러워했다. 가게의 주된 손님인 어린이들이 부담을 느낄까 봐 걱정된다는 것이었다.

아이들의 의견은 둘로 갈렸다. 희찬이는 가격을 조금만 올려야 한다고 주장했다. 반면 슬기는 주변 가게를 조사한 자료를 근거로 코끼리 분식도 떡볶이 가격을 최소 1000원 이상 올려야 한다고 맞섰다.

연아는 섣부르게 어느 한쪽 편을 들 수 없었다. 코끼리 분식의 한 달 운영 비용을 정리한 자료가 있다면 얼마나 좋을까? 그러면 보다 쉽게 가격을 결정할 수 있었을 것이다. 문제는 코끼리 언니가 그때그때 떨어진 재료를 채워 넣는 식으로 가게를 운영했다는 거다. 그러니 도대체 얼마나 가격을 올려야 손해를 보지 않을지 알기 어려웠다.

"잠깐만요."

곰곰이 생각하던 코끼리 언니가 말했다. 아이들의 아웅다웅 소리가 멈췄다.

"좋은 생각이 있어요. 1인분 가격을 5000원으로 인상하면서, 떡볶이와 물떡을 함께 주는 옵션까지 만들면 어때요?"

"왜 5000원인가요?"

슬기가 물었다.

언니가 공책을 꺼냈다. 연아의 공책은 전보다 두툼해져 있었다. 슬기가 메모해서 끼워 둔 시장 조사 자료는 풀로 붙여 깔끔하게 철해 놓았고, 군데군데 포스트잇이 새로 붙어 있었다. 포스트잇에는 언니가 연필로 끄적거린 메모가 적혀 있었다. 그동안 틈날 때마다 공책을 펼쳐 살펴본 티가 역력했다.

"우리 동네 다른 가게들의 떡볶이 한 그릇 가격은 대략 4000원에서 5000원 사이예요. 만약 코끼리 분식에서 떡볶이만 5000원에 팔면 제법 비싼 값을 받는 편에 속하죠. 그런데 '분식천국'을 봐요. 떡볶이 한 그릇을 5000원에 파는 대신 24시간 영업을 해요. 그래서 늦은 밤이나 이른 점심시간에는 손님들이 찾아가는 것 같고요."

"그럼 우리는 가격을 조금만 올려야 하는 거 아닌가요? '분식천국'보다 문도 빨리 닫는데……."

희찬이가 걱정스레 물었다. 하지만 코끼리 언니는 빙그레 웃었다.

"중요한 건 경쟁력이에요. '분식천국'은 영업 시간을 달리해 경쟁력이 생겼지요. 그것처럼 코끼리 분식은 물떡으로 차별화할 수 있어요. 1인분에 떡볶이만 먹을 수도 있지만, 떡볶이와 물떡 반반씩 먹는 걸 고를 수 있게 하는 거죠. 손님들은 '반반' 옵션을 많이 고를 테고, 전보다 돈을 더 낼 만하다고 여길 거예요. 한 번에 두 가지를 맛볼 수 있으니까요. 물떡이 가격을 높일 '비장의 무기'가 되어 주는 거죠."

그렇다. 결국 가격이 올라도 손님들의 만족도를 높여 발길을 붙잡는 게 관건이었다.

코끼리 언니의 눈빛에 생기가 넘쳐흘렀다. 연아도, 슬기도, 지호도, 희찬이도 그것을 느낄 수 있었다. 코끼리 언니는 어느덧 어엿한 경영자로 거듭나 있었다!

"이제 결심이 섰어요. 1인분 가격을 5000원으로 올리는 대신, 떡볶이와 물떡을 함께 주는 반반 옵션도 추가하기로.

우선 새 단장 행사 때 판매량과 손익을 확인한 뒤 다시 가격을 조정해야 할지 고민해 봐요!"

> 손익은 손해와 이익을 아울러 이르는 말이야.

신메뉴 개발을 위한 회의는 무사히 끝났다.

이제 정말 결전의 시간이 다가오고 있었다.

 ## 물고기가 바다를 탈출한 이유

#혁신 #투자

코끼리에게 날개를

쾅쾅쾅-.

코끼리 분식이 공사를 시작했다. 서서 먹는 메뉴 매대를 설치하고 가게 구석구석을 수리할 것이다.

코끼리 언니는 손님들이 불안해하지 않도록 안내문을 내걸었다.

'공사 중. 2주 뒤, 12월 1일에 만나요.'

코끼리 구조대는 공사 중인 가게를 초조하게 바라보았

다. 특히 코끼리 구출 작전을 처음 제안했던 연아는 엄청난 책임감을 느꼈다. 그때마다 연아는 이렇게 되뇌었다.

"높이 뛰려면 움츠려야 한다. 지금은 코끼리 분식이 잠시 움츠리는 시간……."

지호는 가만히 기다리기보다는 자신이 할 수 있는 일을 찾아보겠다고 했다.

"아빠가 그러시더라. 가격 싸고 양 많은 상품이 꼭 최고냐, 하면 그건 아니라고. 소비자는 특별한 사연이 담긴 상품을 선호하는 거 같다고. 그래서 말인데, 코끼리 분식은 오랜 시간에 걸쳐 쌓아 온 이야기가 있잖아. 그 이야기를 사람들에게 전하고 싶어."

연아가 핀잔을 놓았다.

"지호, 너 이상한 영상으로 긁어 부스럼 만들지 마!"

"그러려는 거 절대 아니거든?"

지호는 한동안 온라인 활동을 할 마음이 싹 사라진 것처럼 보였다. 자기 입으로 '조회 수나 댓글에 집착하지 않으니 속이 시원하다'고 한 적도 있다. 그런 지호가 다시 업로

드를 시작하겠다니.

 연아는 지호가 코끼리 분식 이야기를 자극적인 콘텐츠로 만들어 소비하려는 것 같아 꺼림칙했다. 하지만 슬기와 희찬이, 거기다 코끼리 언니까지 지호의 온라인 복귀를 축하하는 분위기라서 대놓고 반대할 수도 없었다.

 며칠 뒤 연아는 지호의 채널에 슬쩍 방문했다. 지호가 어떤 영상을 올리고 있는지 궁금해서 참을 수가 없었다.

 지호의 채널은 연아가 생각했던 것과 달랐다. 프로 사진작가인 아빠와 함께 운영하는 채널이라더니, 맛깔스러운 음식 사진과 애정을 담아 찍은 지역 맛집 풍경이 피드에 가득했다.

 최근 피드는 코끼리 분식에 대한 잔잔하고 차분한 영상으로 채워져 있었다. 날이 갈수록 바뀌는 가게의 모습이 고스란히 기록으로 남았다. 아픈 할머니를 위해 코끼리 분식을 이어받은 코끼리 언니 사연, 부산에서 보낸 어린 시절에서 영감을 얻은 새로운 메뉴, 학교 앞 분식집을 살리기 위해 뭉친 코끼리 구조대 이야기도 담겨 있었다.

그중에서 연아의 마음을 사로잡은 건 코끼리 할머니 사연이었다. 할머니는 손녀가 어릴 때 늘 들고 다니던 애착 인형을 떠올려 가게 이름을 지었다고 한다.

'어? 이건 나도 처음 듣는 이야기인데……. 언제 이런 인터뷰를 했지?'

그 애착 인형이 바로 코끼리 인형이었다. 할머니는 부산을 떠난 뒤 멀리 있는 손녀와 비슷한 또래인 어린이들과 자주 만나고 싶어서 학교 앞에 둥지를 텄다. 그렇게 코끼리 분식은 단지초 어린이들의 참새 방앗간이자 둘도 없는 사랑방이 되었다.

'아……. 이거였구나. 내가 코끼리 분식을 좋아하는 진짜 이유는…….'

연아의 엄마 아빠는 보통 일을 마치고 저녁때나 집에 돌아오셨다. 자연스레 연아는 종종 집에서 홀로 시간을 보내야 했다. 책을 좋아해서 도서관에 가고, 그림 그리기를 좋아해서 미술 학원에도 다녔지만, 코끼리 분식에 드나든 건 단순히 떡볶이를 좋아해서 그런 게 아니었다. 그곳에는 잔소리 많고 정도 많은 코끼리 할머니가 계셨다. 늦은 오후 할머니가 들려주는 이야기와 따스한 떡볶이 한 그릇이 이따금 연아를 사로잡는 외로움을 달래 주었다. 피드를 보는 동안 연아의 가슴이 몽글몽글해졌다.

'맙소사.'

연아는 저도 모르게 지호의 피드를 넘나들며 '좋아요'를

눌러 대고 있는 자신을 발견했다!

그때 지호의 피드에 새 글이 나타났다. '커밍 순!'이라는 문구가 적힌 물떡 사진이었다. 곧이어 하나둘 댓글이 달렸다. 지호의 게시물은 '#서울에서물떡먹기', '#추억의분식' 같은 해시태그가 달려 서서히 온라인에 퍼졌다.

사람들의 관심이 꿈틀대는 것을 느낀 연아는 애가 달았다. 소셜 미디어와 인플루언서에 대해 갖고 있던 편견도 조금은 누그러졌다. 어느새 연아도 코끼리 분식을 위해 자신만이 할 수 있는 일이 무엇인지 생각하고 있었다.

"너, 뭐 하냐?"

희찬이가 교실 책상에 앉아 있던 연아를 툭 쳤다. 연아가 화들짝 놀라 공책을 뒤집었다. 그 모습에 희찬이는 장난기가 발동했다.

"어라, 수상하네. 너 혹시 연애편지 쓰냐?"

"아니거든!"

발끈한 연아가 삐죽대며 희찬이 앞으로 공책을 디밀었

다. 공책에는 코끼리 그림이 가득했다. 웃는 코끼리, 포크를 들고 있는 코끼리, 혀를 내밀고 군침을 흘리는 코끼리, 주방장 모자를 쓴 코끼리. 두 사람이 티격태격하는 소리를 듣고 슬기와 지호도 연아 자리로 왔다.

"코끼리 분식 로고를 만들고 있었다고! 아직 완벽하지 않아서 보여 주기 싫었단 말이야."

"로고?"

희찬, 슬기, 지호가 입을 모아 외쳤다.

"흠흠. 지호가 올린 게시물을 보니까 나도 뭔가 하고 싶어서. 로고를 만들면 어떨까 싶더라."

"코끼리 분식을 브랜드로 키워 보자는 거구나. 정말 좋은 생각인데?"

슬기가 반색하며 손바닥을 들어 올렸다. 연아가 얼떨떨한 표정으로 손바닥을 마주쳤다.

'내 인생에 하이파이브는 처음이야!'

슬기가 무대 위의 연사처럼 입을 열었다.

"존경하는 학우 여러분, 지금 제 마음이 벅차오르는 걸

감출 수 없네요. 제가 존경하는 위대한 투자자 워런 버핏은 이렇게 말씀하셨죠. 좋은 기업에는 해자가 있다고."

희찬이가 까불거렸다.

> 해자는 적의 침입을 막기 위하여 성 둘레에 땅을 파서 물을 채워 놓은 시설이야.

"뭐? 혜자스럽다고?"

"아니, 그거 말고 해자! 경쟁자가 아무리 공격해도 내 시장을 지킬 수 있는 독보적인 방어벽. 그런 방어벽 중에서 브랜드는 아주 강력한 해자란 말이야! 이걸 생각하다니 역시 김연아 어린이……! '참 잘했어요' 도장을 찍어 드려도 될까요?"

신이 난 슬기의 말이 길어지고 있었다. 갑자기 칭찬을 들은 연아가 얼굴이 빨개져서 황급히 화제를 돌렸다.

"그래? 브랜드라는 건 어떻게 키우는 건데?"

"우선 기업이 지닌 철학을 잘 전달해야지. 지호가 소셜 미디어에서 하고 있는 활동처럼. 또 연아 네가 하려는 것처럼 브랜드를 떠올릴 수 있는 상징을 만드는 것도 좋은 방법이야. '애플'이라고 하면 한 입 베어 문 사과부터 딱 떠오르잖아. 이게 다 브랜드를 키우는 일, 즉 '브랜딩'이지!"

희찬이가 포크를 든 코끼리를 가리키며 말했다.

"나는 이거! 이 코끼리처럼 손님들이 떡볶이를 왕창 먹으면 좋겠어."

슬기가 "어이구!" 하며 고개를 절레절레했다.

골똘히 생각에 잠겼던 연아가 입을 열었다.

"나는 엄마와 아기가 함께 있는 로고가 제일 마음에 들어. 할머니는 손녀가 아끼던 코끼리 인형을 떠올리며 코끼리 분식이라고 이름 지었대. 그런데 이제는 손녀가 자라서

할머니의 손맛을 이어 가려 해. 그러니까 코끼리 분식은 시작부터 지금까지 할머니와 손녀의 사랑 이야기를 담고 있는 셈이지."

지호가 거들었다.

"맞아, 바로 그거야. 소중한 너에게 따스한 사랑 한 그릇을 전하는 코끼리 분식! 난 연아 의견에 찬성!"

슬기와 희찬이도 엄지를 치켜들었다.

연아의 심장이 기분 좋게 두근거렸다.

'코끼리 언니도 부디 이 로고를 마음에 들어 했으면!'

5교시 수업이 끝나는 시간, 연아가 교실에 걸린 달력을 봤다. 달력에는 코끼리 분식이 재개장을 하는 날에 빨간 동그라미가 쳐 있었다.

'D-1. 이제 하루 남았구나.'

코끼리 구출 작전의 결과를 받아 들 날이 코앞으로 다가왔다. 이날 코끼리 구조대는 다른 손님들보다 하루 일찍 가게로 초대받았다. 아이들의 안전을 걱정한 코끼리 언니는 그동안 공사 중인 가게 안으로 아무도 들이지 않았다.

지호가 스마트폰의 촬영 모드를 켰다. 코끼리 구조대는 다 같이 우렁차게 숫자를 셌다.

"하나, 둘, 셋!"

가림막을 열어젖힌 아이들은 깜짝 놀랐다. 정겨운 분위기는 여전했지만, 생각보다 많은 것이 변했다. 먼저 입구에 설치된 커다란 키오스크가 아이들의 시선을 빼앗았다. 키오스크 하단에는 코끼리 코 모양 조이스틱이 달려 있었다.

"이게 뭐지?"

희찬이가 조이스틱을 아래로 당기자, 키오스크가 지잉 소리를 내며 움직였다. 어느새 키오스크 화면이 희찬이 눈높이에 맞춰 낮아졌다.

"이런 키오스크는 처음이야!"

아이들이 탄성을 내지르자 코끼리 언니가 웃으며 말했다.

"눈높이에 따라 화면 높이를 조절할 수 있는 키오스크예요. 다른 버튼을 누르면 동네 어르신들을 위한 큰 글씨 모드도 선택할 수 있어요."

"우아!"

시험 삼아 '떡볶이·물떡' 1인 세트를 고른 희찬이가 결제를 눌렀다. 안내 목소리에 따라 코끼리 언니가 현금을 투입구에 넣자 영수증과 함께 번호표가 적힌 주문서가 톡 튀어나왔다.

"주문서는 받는 대로 조리대에 붙여 헷갈리는 일이 없도록 하려고요."

"이제 누나가 허둥지둥하는 모습을 볼 수 없다니!"

희찬이의 짓궂은 말에 다 같이 한바탕 키득거렸다.

코끼리 언니는 아이들을 창문 쪽으로 이끌었다. 조리대와 이어진 창문 너머로 진열대가 보였다. 물떡과 어묵 꼬치 같은 서서 먹는 메뉴를 위한 공간이었다. 진열대 아래에는 작은 의자도 두 개 놓여 있었다. 서서 먹는 손님도 잠깐 쉬어 갈 수 있도록 마련된 자리다. 진열대 위에는 햇빛이나 비를 피할 천막 지붕도 달았다.

코끼리 구조대는 코끼리 분식의 변신이 마음에 쏙 들었다.

"내일이 정말 기대되네요."

지난 한 달간의 일들이 연아의 머리를 스쳤다. 작전이 실패할 뻔한 몇 번의 위기도 있었다. 다행히 서로 다른 장점을 지닌 아이들이 힘을 모아 여기까지 왔다.

지호는 결의에 찬 코끼리 구조대의 모습을 카메라에 담았다. 동영상을 올리자 '좋아요' 숫자가 빠르게 올라갔다. 동영상 제목은 '드디어 내일!'이었다.

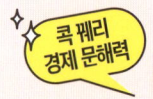 # 유명 브랜드, 왜 자꾸 사고 싶을까?

#브랜드

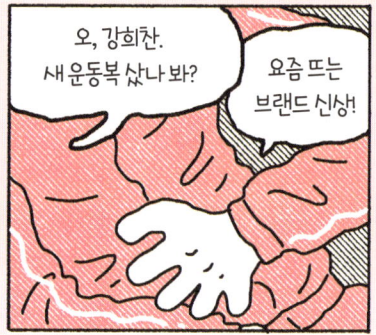

10
결전의 날

"서둘러야 해. 빨리빨리."

아이들은 운동장을 가로질러 헐레벌떡 코끼리 분식으로 달려갔다. 가게는 벌써 만원이었다.

단, 이제 자리를 잡지 못한 손님이 빈손으로 돌아설 일은 없다. 서서 먹을 수 있는 메뉴를 팔기 때문이다. 하굣길 어린이 손님들은 들뜬 얼굴로 물떡, 어묵 꼬치 등 새로운 메뉴를 주문했다. 찬바람을 잊게 할 따끈한 물떡

을 입안 가득 오물거리는 손님들의 얼굴에 환한 미소가 번졌다.

가게 앞에 줄이 길게 늘어서자, 동네에 금세 소식이 퍼져 나갔다.

"코끼리 분식 앞에 왜 이렇게 사람들이 많지? 무슨 일 있나?"

"그러게. 공사한다더니 이제 끝났나 보네?"

마치 사람이 사람을 더 불러 모으는 것 같았다.

오후에는 기대하지 않은 낯선 손님들이 나타났다. 소셜 미디어에서 지호가 올린 게시물을 본 사람들이 먼 곳에서 코끼리 분식을 찾아왔다. 덕분에 코끼리 분식은 늦은 오후까지 알차게 매출을 올렸다.

코끼리 언니는 웃음 가득한 얼굴로 밀려드는 손님을 맞

이했다. 키오스크가 주문을 대신 받지 않았다면, 혼자 해내기 어려웠을지도 모른다. 하지만 이제 코끼리 언니는 조리에 집중하며 일을 척척 해냈다.

물론 모든 게 순조롭지는 않았다. 주문을 한다고 습관처럼 "코끼리 언니!", "코끼리 누나!" 하고 불러 대는 아이들이 있는가 하면, 키오스크 앞에 선 줄이 동선을 막아 우왕좌왕 헤매는 손님도 있었다. 새롭게 바뀐 매장 구조에서 개선할 점이 눈에 보이기 시작한 것이다. 이럴 때는 매서운 눈으로 가게를 살피던 코끼리 구조대가 나타나 도움을 줬다. 구조대는 손님들이 헤매지 않게 매장 바닥에 안내 발자국 스티커를 붙여 보자는 아이디어를 주고받았다.

정신없는 하루가 끝났다. 코끼리 언니는 문을 걸어 잠그고 커튼을 쳤다. 아이들은 미리 준비한 폭죽을 터뜨리며 환호성을 질렀다.

"코끼리 구출 작전, 대성공!

코끼리 언니는 기쁨에 방방 뛰었다. 코끼리 분식이 거둔 매출은 과거보다 세 배로 뛰었다. 특히 늦은 오후 시간대 매출액이 크게 올랐다. 새 단장 효과가 차츰 사라진다고 해도 이 정도면 문제없이 흑자로 전환할 것이다. 떡볶이, 물떡, 튀김, 어묵 등을 한 상 가득 차려 다 같이 신나게 음식을 먹으며 웃고 떠들었다.

얼마 후, 다섯 사람의 얼굴에 들뜬 흥분이 가시고, 저마다 흐뭇한 미소만 조용히 머금고 있었다. 이윽고 코끼리 언니가 진지한 눈빛으로 말했다.

"코끼리 분식을 엉겁결에 물려받은 저는, 주인의식이 없었던 것 같아요. 처음에는 할머니 조리법을 그대로 따라 가게를 잘 유지하자, 그렇게만 생각했거든요."

"하지만 결국 언니가 코끼리를 수렁에서 구했어요."

"다 여러분 덕분이지요. 여러분이 두고 간 공책이 스스로를 돌아보는 계기가 됐으니까요. 결심했어요. 앞으로는 할머니 대신이 아니에요. 기업을 이끄는 경영자라는 자세로 코끼리 분식을 제대로 키울 거예요."

슬기가 탄성을 질렀다.

"우아, 글자로만 알던 멋진 기업가 정신이 내 앞에 나타났어!"

코끼리 언니는 아이들에게 숫자가 빼곡히 적힌 표를 보여 줬다.

"공사 기간 동안 코끼리 분식의 재무 상태를 들여다봤어요. 앞으로 회계 장부를 만들고 재무제표도 써서 체계적으로 관리할 거예요."

> 재무는 돈을 마련하고 효과적으로 사용하기 위해 관리하는 일이야.

"그게 뭐예요?"

희찬이가 묻자 슬기가 재빠르게 답했다.

"너, 용돈 기입장 알지? 회계 장부도 그와 비슷해. 기업에 들어온 돈과 기업에서 나간 돈을 기록한 자료지. 기업은 회계 장부를 바탕으로 재무제표를 만들어서 기업을 튼튼하게 관리해. 한 달, 1년, 이런 식으로 기간을 정하고 돈은 얼마나 벌었는지, 비용은 어디에 쓰고 있는지, 남은 돈은 얼마인지 쭉 정리해 보는 거지. 재무제표만 있으면 코끼리 분식이 재정적으로 탄탄한지 아닌지 바로 파악할 수 있어."

"맞아요. 그리고 한 가지 더……."

코끼리 언니는 이렇게 말하고 계산대 서랍에서 주섬주섬 무언가를 꺼냈다. 바로 연아가 만든 로고를 활용한 코끼리 분식의 새 메뉴판 디자인이었다.

"이제 코끼리 분식을 브랜드로 키울 거예요. 할머니의 철학을 떠올리며 작은 것부터 하나씩 만들어 갈 거예요."

연아는 가슴이 뭉클했다. 코끼리 언니는 위기를 통해 멋진 경영자로 거듭났다. 적어도 앞으로 10년쯤은 코끼리 분식이 우리 곁을 떠날 일이 없을 것이다.

왁자지껄한 축하 파티를 끝내고 집으로 돌아가는 길, 희찬이가 갑자기 아이들 앞을 가로막았다.

"그런데 있지. 코끼리 구조대는 앞으로 어떻게 되는 거야?"

"임무가 끝났으니 해체하는 게 맞겠지?"

연아가 무덤덤히 말하자 희찬이가 빽 소리를 질렀다.

"해체라니 말도 안 돼. 드림팀이 이대로 사라질 순 없어!"

슬기가 희찬이를 보며 고개를 끄덕였다. 지호는 잔뜩 흥분한 희찬이 어깨에 손을 얹었다. 그러더니 쑥스러운 듯 속마음을 고백했다.

"지난 몇 달 동안 너희 덕분에 소셜 미디어 중독에서 벗어날 수 있었어. 소셜 미디어를 제대로 쓰는 법도 조금은 터득한 것 같고. 다른 사람 반응에 휘둘리지 않고 내 생각을 남들과 공유하게 됐거든. 나도 코끼리 구조대를 이대로 보내고 싶진 않아."

연아는 코끼리 구조대의 앞날을 생각해 본 적이 없었다. 코끼리 분식이 정상 궤도에 오르면 다시 예전으로 돌아갈 작정이었다. 코끼리 분식이 아니었다면 애초에 조용한 일상에서 벗어날 꿈은 꾸지도 않았을 것이다.

그렇지만 어느새 연아도 코끼리 구조대가 뿜어내는 열정에 푹 빠졌다. 이대로 코끼리 구조대를 떠나보내면 분명 후회할 것이다.

"그럼…… 우리 다음 작전은 뭘로 할까?"

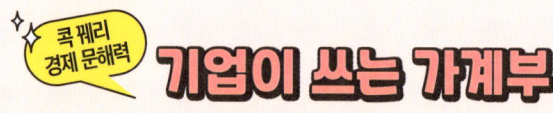

기업이 쓰는 가계부

#회계 #재무 관리 #재무제표

> 저녁 8시. 장사를 마친 코끼리 언니가 노트를 펼치고 뭔가를 열심히 써 내려가는데…….

 음~ 오랜만에 맡는 정겨운 냄새……! 정말 오랜만이구나.

 할머니! 늦은 시각에 어쩐 일이세요?

 코끼리 분식이 잘 있나 어디 궁금해서 참을 수가 있어야지. 떡볶이 맛은 제대로 내는지, 단골들은 잘 지내는지, 가게 운영은 잘하고 있는지. 그런데 웬걸, 우리 2대 경영자가 이렇게 훌륭해졌을 줄이야.

 이제야 조금 알 것 같아요. 경영자의 자세를 가져야 한다는 할머니의 말씀을요. 또 코끼리 분식이 건강하게 운영되려면 보이지 않는 곳을 더 신경 써야 한다는 점도요. 이 노트를 한번 보시겠어요?

 이게 뭐니?

 코끼리 분식 재무제표예요. 재무제표는 재무 상태표, 손익 계산서, 현금 흐름표로 구성돼요. 먼저 이건 재무 상태표인데 코끼리 분식에 남아 있는 현금, 갚아야 할 빚 등을 볼 수 있어요. 손익 계산서는 장사를 얼마나 잘하고 있는지 보여 주고요. 매출액, 이익, 비용 등을 기록하거든요. 마지막으로 현금 흐름표를 보면 들고 나는 돈이 얼마나 되는지 알 수 있어요. 장사하면서 벌고 쓴 돈, 은행에서 돈을 빌리거나 빚을 갚아서 오간 돈 등을 적는 거예요.

 이렇게 체계적으로 재무 관리를 하다니. 나보다 훨씬 낫구나. 우리 손녀가 최고다.

 에헴. 이제 코끼리 분식에 대한 걱정은 붙들어 매세요.

그로부터 6개월이 지난 어느 날…….

이 건물을 부순다고……?

내용증명서

본 건물은 철거 예정이니, 6개월 내 퇴거해 주세요.
- 단지 빌딩

과연 코끼리 분식의 미래는?

다음 편을 기대해 주세요!

작가의 말

꿈을 향한 나침반, '기업가 정신'을 싹틔워요

    요즘 하루가 멀다 하고 인공 지능, 로봇, 우주 비행 같은 새로운 기술이 쏟아져요. 어른들은 매일 다른 뉴스를 보며 같은 말을 하지요. '경제가 어디로 가는지 도무지 모르겠다'고. 한 가지 확실한 건, 어린이 여러분이 이끌 미래는 지금 세상과 어마어마하게 다르리라는 사실이에요. 앞으로 어떤 직업이 생길까요? 나는 어떤 일을 하면 좋을까요?

    10대는 이런 질문에 대한 답을 찾아 나설 나이이지요. 그 출발선에 선 여러분에게 저는 '기업가 정신'이라는 나침반을 건네 보아요. 기업가 정신은 아이디어를 빚는 상상력,

어려운 문제에 도전하는 용기, 스스로 목표를 이루기 위해 노력하는 독립심이 모여 빛나요. 기업가 정신을 갖춘 사람은 어려운 환경을 탓하지 않고 스스로 진화의 길로 나아가지요. 5천만 년 전 생존 경쟁이 치열한 육지를 떠나 드넓은 바다로 향한 고래처럼요.

이제까지 한 이야기도 바로 그런 진화와 생존의 드라마랍니다. '코끼리 분식'은 스무 해 동안이나 한자리를 지켰지만, 거대한 변화의 물결에 휩쓸려 언제 망할지 모를 위기에 빠졌어요.

입맛도, 개성도, 생각도 제각각인 코끼리 구조대! 이 네 친구가 어려운 한 고비, 한 고비를 넘을 때마다 주인공들과 여러분의 마음속에 기업가 정신이 싹트길 바랐습니다.

자, 그럼 다음 편에서 다시 코끼리 구출 작전을 함께해 볼까요?

꿈을 이루세요~ ☆

연유진 드림

🍎 **토토 사·과**

코끼리 구조대
❶ 시간이 멈춘 분식집

초판 인쇄	2025년 7월 30일
초판 발행	2025년 8월 20일
지은이	연유진
그린이	이강훈
펴낸이	이재일
책임 편집	진원지
디자인	김유진
편집·디자인	한귀숙, 김채은, 고은하
제작·마케팅	강백산, 강지연, 김주희
펴낸곳	토토북
출판등록	2002년 5월 30일 제2002-000172호
주소	04034 서울시 마포구 잔다리로7길 19, 명보빌딩 3층
전화	02-332-6255
팩스	02-6919-2854
홈페이지	www.totobook.com
전자우편	totobooks@hanmail.net
인스타그램	totobook_tam
ISBN	978-89-6496-537-5 73320

ⓒ연유진·이강훈, 2025

* 이 책은 저작권법에 의해 보호를 받는 저작물이므로 무단 전재 및 무단 복제를 금합니다.
* 이 책 내용의 전문 또는 일부를 사용하시려면 저작권자와 출판사의 동의를 반드시 얻어야 합니다.
* 잘못된 책은 구입하신 곳에서 바꾸어 드립니다.

KC 제품명: 코끼리 구조대 ❶ | 제조자명: 토토북 | 제조국명: 대한민국 | 전화: 02-332-6255
주소: 서울시 마포구 잔다리로7길 19, 명보빌딩 3층 | 제조일: 2025년 7월 30일 | 사용연령: 7세 이상
* KC 인증 유형: 공급자 적합성 확인
* KC마크는 이 제품이 공통안전기준에 적합하였음을 의미합니다.

⚠ 주의 모서리가 날카로우니 던지거나 떨어뜨려 다치지 않도록 주의하세요.